ALÉM DO CRER
OU NÃO CRER

Catalogação na Fonte
Elaborado por: Josefina A. S. Guedes
Bibliotecária CRB 9/870

A367a 2019	Além do crer ou não crer / Gustavo Cesar de Souza Frederico (Organizador). - 1. ed. - Curitiba: Appris, 2019. 127 p. ; 21 cm (Artêra) Inclui bibliografias ISBN 978-85-473-2631-9 1. Religião. I. Frederico, Gustavo Cesar de Souza, org. II. Título. III. Série.

CDD – 201

Editora e Livraria Appris Ltda.
Av. Manoel Ribas, 2265 – Mercês
Curitiba/PR – CEP: 80810-002
Tel: (41) 3156 - 4731
www.editoraappris.com.br

Appris
editora

Printed in Brazil
Impresso no Brasil

ALÉM DO CRER OU NÃO CRER

Gustavo Cesar de Souza Frederico
(Organizador)

Editora Appris Ltda.
1.ª Edição - Copyright© 2019 dos autores
Direitos de Edição Reservados à Editora Appris Ltda.

Nenhuma parte desta obra poderá ser utilizada indevidamente, sem estar de acordo com a Lei nº 9.610/98.
Se incorreções forem encontradas, serão de exclusiva responsabilidade de seus organizadores.
Foi realizado o Depósito Legal na Fundação Biblioteca Nacional, de acordo com as Leis nos 10.994, de 14/12/2004, e 12.192, de 14/01/2010.

FICHA TÉCNICA

EDITORIAL	Augusto V. de A. Coelho
	Marli Caetano
	Sara C. de Andrade Coelho
COMITÊ EDITORIAL	Andréa Barbosa Gouveia (UFPR)
	Jacques de Lima Ferreira (UP)
	Marilda Aparecida Behrens (PUCPR)
	Ana El Achkar (UNIVERSO/RJ)
	Conrado Moreira Mendes (PUC-MG)
	Eliete Correia dos Santos (UEPB)
	Fabiano Santos (UERJ/IESP)
	Francinete Fernandes de Sousa (UEPB)
	Francisco Carlos Duarte (PUCPR)
	Francisco de Assis (Fiam-Faam, SP, Brasil)
	Juliana Reichert Assunção Tonelli (UEL)
	Maria Aparecida Barbosa (USP)
	Maria Helena Zamora (PUC-Rio)
	Maria Margarida de Andrade (Umack)
	Roque Ismael da Costa Güllich (UFFS)
	Toni Reis (UFPR)
	Valdomiro de Oliveira (UFPR)
	Valério Brusamolin (IFPR)
ASSESSORIA EDITORIAL	Alana Cabral
REVISÃO	Andrea Bassoto Gatto
PRODUÇÃO EDITORIAL	Lucas Andrade
ASSISTÊNCIA DE EDIÇÃO	Suzana vd Tempel
DIAGRAMAÇÃO	Thamires Santos
CAPA	Laís Carniatto
COMUNICAÇÃO	Ana Carolina Silveira da Silva
	Carlos Eduardo Pereira
	Igor do Nascimento Souza
LIVRARIAS E EVENTOS	Milene Salles | Estevão Misael
GERÊNCIA COMERCIAL	Eliane de Andrade
GERÊNCIA DE FINANÇAS	Selma Maria Fernandes do Valle

*Aos meus pais, Monfardini e Denise, pelo amor perpétuo e incondicional.
À minha filha, Christina, e aos meus filhos, Lucas e Eric. Ide por todo o
mundo e vivei em abundância. À minha esposa, Louise.
Somos prova de que há um lugar além do crer ou não crer.*

Gustavo Cesar de Souza Frederico

AGRADECIMENTOS

Obrigado a Nicolas Panotto, Edwin Villamil Morea, Natanael Disla e Anyul Rivas, pelos anos de caminhada, apesar da distância.

Agradeço ao amigo Tom Fernandes, pela revisão de meu capítulo e da introdução.

Agradeço ao amigo Cleber Figueiredo, pela revisão inicial de todo o texto.

APRESENTAÇÃO

A proposta deste livro é de contar histórias sobre religião, incluindo reflexões sobre a minha vida e as de meus amigos. O livro não é um experimento intelectual nem acadêmico. Antes, é um momento de catarse. A religião, para a maioria dos amigos, deixou de ocupar um lugar significativo e tornou-se outra coisa. Assim como nós nos tornamos estranhos para ela, o contrário também aconteceu. E porque a religião era parte integral de nossas identidades, escrever sobre ela de forma sincera e autêntica significa entrar em nossas histórias. Para a maioria de nós, as escritas são uma carta de despedida da religião. De vez em quando cantamos hinos saudosos, embora alguns de nós não acreditem mais numa só linha. Para outros, as escritas são um abandono indiferente. Para outros ainda, as escritas são um olhar reflexivo, um passeio com a religião em lugares estranhos, sem nomes e não mapeados. Restam boas lembranças de alegrias, amizades e êxtases. Restam também más lembranças de incompreensão, mentira, cerceamento da liberdade, perda de tempo, coerção, ilusão, exclusão, acusação e violência. O palavrão é uma resposta não somente compreensível, mas muitas vezes apropriada.

"Crer", para mim, tem o mesmo significado que "pensar". Por exemplo, eu creio que a taxa de juros no Canadá aumentará este ano. "Crer" também inclui aquilo que "tenho para mim", mesmo que não elabore o pensamento intelectualmente. Assim, "creio" na dignidade inerente de cada um, sendo que em vez de tentar descrever o que exatamente seja isso, eu prefira "ter para mim" esse princípio. "Crer", portanto, ainda pode conter uma mágica, que acontece quando noto a dignidade inerente de cada um e quando aprecio a beleza dessa dignidade. Mas não atribuo essa mágica a algum ser ou força. Antes, a mágica refere-se àquilo que foge do campo da razão, é intrínseco.

Em outras palavras, não creio em ser ou força externos à mágica. Mesmo tendo isso para mim, teoricamente poderia ainda considerar-me cristão. Antes mesmo de Žižek, os teólogos europeus da morte de Deus, citados por Leonardo Boff, já afirmaram que "a aceitação da divindade não é pressuposto para ser cristão. Pode-se ser ateu e cristão". Certa vez, um teólogo evangélico me disse que há dias em que sente vontade de orar, mas que se desanima quando começa a pensar para quem orar.[1] A cerimônia para me tornar membro da igreja onde congregava aqui no Canadá incluía uma profissão de fé, em que se perguntava se o candidato acreditava em Deus e na Bíblia como sua Palavra. Pensei em fazer uma profissão de falta de fé. Não poderia fazer diferente, sendo autêntico. Para tanto, teria que começar uma discussão polêmica dentro da igreja. Para que causar polêmica, afrontar dogmas milenares e ganhar inimigos? E se alguém sugerisse que eu cria escondido ou que eu seria crente sem saber, negaria veementemente. Antes que alguém cite Bonhoeffer, Tillich ou Altizer, lembremos que Desmond Tutu já disse que é um insulto dizer que outras pessoas são cristãs sem saberem. Ou, como disse Stanley Hauerwas, cuidado ao tomar banho com cristãos. Você nunca sabe quando eles vão tentar batizá-lo. Mas, por ter o que tenho para mim, fui ostracizado por pessoas e instituições. Preocupavam-se com meu destino eterno, dizem, mas mais com o fim, não tanto com o começo.

Não só a religião se tornou estranha, mas certas palavras mostraram-se falhas. Alguns crentes tomam remédio para dormir em vez de crer na cura da insônia. Creem em uma vida melhor após a morte, mas não querem ir agora. A religião pode ser uma muleta muito útil. Marx estava certo. Por outro lado, alguns ateus são muito crentes.

---

[1] Também disse que se sentia melhor depois que passou a fumar maconha diariamente.

Sistematizaram suas não teologias. Há um grupo de ateus aqui na cidade de Ottawa que se encontra para estudar contra-apologética. Esses ateus, que buscam provar uma não existência, terão que olhar em todos os lugares do universo. E deverão ter certeza de que não há nem houve Deus em nenhuma cultura em nenhum momento da História. Ambos os grupos compartilham muitas semelhanças no zelo, no discurso e na visão de mundo.

Além do crer ou não crer primeiro aponta para um espaço no qual todos compartilhamos nossa humanidade. Ali as pessoas deixarão preconceitos morais de lado e conversarão respeitosamente sobre religião, política e futebol. Sim, além do crer ou não crer, conversar muito sobre religião fica chato. Por isso, precisamos também conversar sobre política e futebol. *Além do crer ou não crer* advém do próprio desgaste do sentido comum de "crer". Afinal, para a maioria dos amigos autores, não há mais redenção para essa palavra. Contudo quando eu voltar a Porto Alegre antes de morrer, abraçarei um jovem religioso, fervoroso e direi: "Eu te entendo, meu jovem. Tu estás cheio de vida. Onde estão os teus acusadores? Vá e peques mais".

Convidei diversos amigos, muitos dos quais não quiseram escrever. Alguns não o fizeram por falta de tempo. Outros, por a religião ter-se tornado irrelevante. Outros, ainda, por terem raiva da religião pelos males causados. E alguns amigos não escreveram por medo de expor publicamente suas faltas de fé. Obrigado aos que tiveram a disposição e a coragem de escrever. Obrigado a todos e a todas. Um dia participaremos de uma grande *fiesta*.

Gustavo Cesar de Souza Frederico

SUMÁRIO

CAPÍTULO I
NÓS, GATOS, JÁ NASCEMOS LIVRES 15
Gustavo Cesar de Souza Frederico

CAPÍTULO II
POR QUE RAIOS FOI QUE EU ENTÃO A CRIEI NA IGREJA? 33
Sidney Givigi Jr.

CAPÍTULO III
A HISTÓRIA 47
Stephanie Zuma Lacerda

CAPÍTULO IV
A JORNADA 59
Obadias de Deus

CAPÍTULO V
QUAL CRENÇA? 75
Nelson Costa Jr.

CAPÍTULO VI
TOMEI A PÍLULA VERMELHA 85
Thiago Mendanha do Nascimento

CAPÍTULO VII
E A HUMANIDADE SE FEZ PROSA 113
Felipe Fanuel Xavier Rodrigues

SOBRE OS AUTORES 125

Capítulo I

NÓS, GATOS, JÁ NASCEMOS LIVRES

Gustavo Cesar de Souza Frederico

Queridos filhos Eric e Lucas e querida filha Christina,

O mágico não faz nada além de boas ilusões de óticas, o que é diferente de fazer o impossível. Um dia eu contei para o vovô Monfardini o caso de um cantor evangélico famoso que disse que foi milagrosamente curado de Síndrome de Down. Perguntei a ele se há na Medicina algum caso documentado de cura da Síndrome de Down. Ele disse que não. O vovô Monfardini acredita em milagres por meio dos médicos. Nesse tipo de milagre eu também acredito. Mas essa "crença" não é em mágica como se fosse o impossível acontecendo. Essa "crença" é uma alegria com os mais variados eventos da vida.

Um dia eu fui a um encontro inter-religioso em uma sinagoga aqui da cidade. Um coral de crianças com doenças psiquiátricas cantou uma música com o seguinte refrão: "Eu acredito em milagres". Eu fiquei emocionado na ocasião. O maior milagre em evidência seria a "cura" daquelas crianças, mas eu não acreditava nesse tipo de milagre. Qual era o problema de as crianças acreditarem? Se essa crença trazia conforto, alegria e esperança, talvez não houvesse problema. E, ainda, eu não podia experimentar o que uma das crianças pensava, cria e sentia simplesmente por não sê-la. Portanto não seria apropriado eu dizer a uma delas que o milagre no qual ela acreditava poderia acontecer ou não.

Uma vez, uma pessoa da nossa família cochilou ao volante e bateu o carro. Claro que ficamos preocupados com ela que, graças ao acaso, não se machucou no acidente. Alguns amigos atribuíram a Deus, isto é, ao Deus do Cristianismo, o fato de ela não ter se machucado. Eu acho que quanto mais sono os motoristas têm, mais chance há de dormirem ao volante. Será que acreditam que Deus controlou um pouquinho a situação? Por que teria Deus guardado uma pessoa da nossa família e não outra? Os bons teólogos não têm essa resposta. E nunca terão.

Tenho certeza de que algum deles, possivelmente com PhD, deve ter relatado a história da origem da religião. Eu tenho a minha própria teoria. Penso que a religião nasceu muito tempo atrás, no tempo das cavernas, quando um pai contou uma história para seus filhos dormirem. Essa história teria sido fantasiosa e impressionante. Após algumas gerações, depois de várias noites ao redor de fogueiras, algumas dessas histórias entraram para a coleção das perguntas mais fundamentais, explicando a origem do universo, por que a plantação de milho deste ano não vingou e por que sofremos tanto na vida. Os personagens começaram a ser concebidos como divindades com poderes mágicos. Às vezes, quando uma criança estava doente, um chá de certa erva mais o favor de certa deidade parava a diarreia. Pessoas que contavam mais as histórias e conheciam melhor as ervas foram chamadas de curandeiras e atuavam como mediadoras entre a realidade visível e a invisível. Hoje, milhares de anos depois, a ciência explica bem perguntas fundamentais, como a origem do universo e por que a plantação de milho deste ano não vingou, enquanto a psicologia trata melhor do nosso sofrimento.

O Lucas me disse que gosta mais quando conto histórias inventadas do que quando conto histórias verídicas na hora de dormir.

No dia 15 de dezembro de 2013, eu e a pastora da Igreja Menonita de Ottawa fomos à missa de uma Igreja Católica. A missa não teve nada de extraordinário, mas eu não parava de pensar sobre meus conflitos com a "Igreja" como um todo. Sim, tendo eu crescido protestante, ouvia volta e meia a condenação da idolatria, da hierarquia, das indulgências, da rigidez litúrgica e, obviamente, das heresias da Igreja Apostólica Católica Romana (como se não houvesse idolatria, hierarquia e indulgências entre os protestantes).

Para o imperador Constantino, o que exatamente saísse do Concílio de Niceia era pouco importante, desde que fosse unificador. Desde então a Igreja, aliada aos poderes econômicos, inúmeras vezes promoveu a Guerra Santa. A Santa Inquisição[2], encarregada de zelar pela manutenção da fé única e correta, torturou e executou milhares de homens e mulheres na Idade Média. No debate de Valladolid, em 1550, Bartolomeu de las Casas disse que os indígenas do "Novo Mundo" eram seres humanos e deveriam ser tratados como iguais. De las Casas representa um pequeno número de religiosos dentro de instituições que se importam com minorias excluídas. A salvação das almas dos pobres indígenas foi uma mentira que encobriu os grandes crimes da Conquista Europeia das Américas.

Considerando a História de nosso continente, ser cristão latino-americano é uma espécie de piada sem graça. Na Guatemala, Efraín Ríos Montt tomou o poder por golpe em 1982. Ríos Montt silenciou a Igreja Católica, que era mais progressista, estigmatizou as culturas indígenas e apoiou o crescimento do Cristianismo evangélico no país. O pastor Luís Palau, influente evangelista latino-americano, disse que "a mão de Deus está sobre ele". Ríos Montt tornou-se Ancião da Igreja da Palavra. Afirmou que o verdadeiro Cristão carrega a Bíblia numa mão e uma metralhadora na outra.[3] Em seus dezessete meses

---

[2] Hoje, intitulada Congregação Para a Doutrina da Fé.
[3] Talvez parafraseando Karl Barth.

de governo, sistematizou uma limpeza étnica que matou centenas de milhares de descendentes indígenas e pequenos agricultores. Durante a ditadura de Ríos Montt, os programas evangélicos de TV se multiplicaram, demonizando a cultura indígena. Ele foi julgado e condenado por genocídio e crimes de lesa-humanidade, porém, após diversas idas e vindas, o julgamento foi anulado.

Na Europa a violência não era monopólio da Igreja Católica. João Calvino, avô dos presbiterianos, presidiu uma teocracia violenta em Zurique, na Suíça, instaurando uma polícia moral que punia severamente dançar e beber, entre outras coisas. As descrições históricas da Zurique protestante me lembraram muito um documentário que vi sobre um grupo radical islâmico na Síria que implementava a lei de sharia. Michael Servetus, teólogo, médico, cartógrafo e pensador humanista, morreu queimado por heresia sob ordens de Calvino, em 1553.

Zuínglio, outro pai da Reforma Protestante, foi responsável pela prisão do líder Anabatista Balthasar Hubmaier. Durante os três meses de tortura, Zuínglio mandava Hubmaier corrigir sua teologia. O que dizer das duas Grandes Guerras do século XX que aconteceram em uma Europa predominantemente cristã? Apesar de nomes nas notas de rodapé, o Cristianismo várias vezes justificou as guerras e tantas outras vezes foi a causa principal delas.

No Sri Lanka, o grupo budista Bodu Bala Sena promove a violência contra muçulmanos no país.

Eu poderia citar vários exemplos de bons cristãos, mas me limitarei à nossa família, não por vanglória, mas para tornar esse relato mais pessoal. Minha querida esposa, mãe de vocês, Louise, é cristã piedosa e íntegra, cheia de virtudes, como vocês sabem. O vovô Cleomar é cristão exemplar e a vovó Marieli também era. O vovô Monfardini e a vovó Denise, meus pais, são pessoas excepcionais. O vovô Monfardini foi influenciado por seus pais, o meu avô Vicente e a minha avó Debir, também dois cristãos excepcionais em suas virtudes. A trisavó da vovó Debir era uma índia chamada

Afé, de apelido Lóta. A vovó Denise foi influenciada pela mãe dela, Loecy, e o pai dela, Jeiel, outros cristãos excepcionais em virtude. Seus avós sempre levaram a sério a fé que têm. E afirmam que é dessa fé que advêm suas muitas virtudes, que incluem a compaixão, a hospitalidade, a generosidade, a autenticidade, a alegria de viver e a sinceridade. Eu, o vovô e a vovó pensamos diferente sobre política, contudo seus cuidados e convívio com os pobres ao longo de vários anos são superiores ao meu latim.

Vocês sabem que lá no Brasil muitas pessoas são fanáticas por futebol. Lá existem grupos chamados torcidas organizadas, que são compostos, como o nome sugere, por torcedores de determinado time. Alguns indivíduos das torcidas organizadas são violentos. Infelizmente, volta e meia vemos brigas em jogos. Mas não se pode generalizar. Grupos pequenos dentro das torcidas organizadas promovem ações sociais, incluindo dias de doação de sangue, campanhas de doação de roupas e de brinquedos e aulas de música em periferias. As virtudes e a moral não são monopólio das pessoas religiosas. Conheci tantos religiosos maus e virtuosos quantos não religiosos. Não sei se pessoas religiosas são mais felizes que as não religiosas. Contudo especialistas afirmam que pessoas de grupos religiosos "fundamentalistas", que creem que todos vão para o inferno exceto quem crê como eles, são mais infelizes que outras pessoas.[4]

Lá no escritório, um ambiente secular, estão coletando alimentos esta semana para doar aos pobres.

Em 2013, organizei um pequeno grupo na Igreja Menonita para conhecer outras religiões. Uma vez por mês visitávamos uma religião diferente. Visitamos uma igreja ortodoxa copta egípcia. Visitamos a principal mesquita da cidade e conversamos por horas com o imã. O último encontro foi com a associação de ateus humanistas da cidade. Nós nos encontramos em um bar e éramos cerca

---

[4] DIENER, Ed.; BELIC, R. **Happy**, 9 de maio de 2011. Disponível em: <https://www.netflix.com/watch/70243161>. Acesso em: abr. 2018.

de doze pessoas, mais ou menos seis de cada grupo. A intenção era apenas conhecer suas histórias.

Alguns ateus relataram, com emoção, distanciamentos e até rejeições de familiares (a força excludente da religião é violenta). Ouvimos suas profissões de nenhuma fé. Disseram-nos que, algumas vezes, eles debatem entre si se existe destino ou não. Ouvimos exposições sobre a impossibilidade da existência de Deus. Alguns se mostraram preocupados com as consequências psicológicas de condenar pessoas ao inferno. Aprendemos sobre as várias ações de caridade que o grupo realiza. Alguns mostraram grande solidariedade com pessoas que sofrem injustiças em outras partes do mundo nos dias de hoje. Uma pessoa em especial compartilhou que estava seriamente pensando em viajar a um determinado país com graves violações de direitos humanos por causa dessa solidariedade.

O grupo também havia começado um processo jurídico de concessão de asilo a um indivíduo do Oriente Médio que havia sofrido ameaça de vida por declarar-se ateu. Em tais processos, o governo canadense exige garantias financeiras do grupo, como se o grupo ficasse fiador do asilado. Perguntei a uma pessoa desse grupo por que a questão de Deus era tão importante para ele. Sim, porque Deus seria uma questão importante, talvez identitária para o grupo. Qual a diferença entre um ateu e um indiferente?

Christina, desculpe-me por ter lhe dito que o Papai Noel não existia. Sei que você ficou chateada por eu tratar esse fato como banal. Esqueci que, às vezes, gostamos de nutrir certos sonhos.

Também na Igreja Menonita organizei um pequeno grupo chamado "Notícias e Teologia no Bar". Uma vez por mês íamos a um bar para falar de teologia, das notícias recentes e beber, claro. Uma vez, só foi o pastor da igreja. Depois de alguns goles, o rumo da conversa foi para minha versão de agnosticismo da época.

— Entendo. Você é espiritual, mas não é religioso.

— Não, pastor. É o contrário. Eu sou religioso, mas não sou espiritual.

Depois de uma pausa, confessou-me:

— Se eu não fosse crente, eu seria niilista.

Senti empatia, mas uma espécie de tristeza. Parecia que seu castelo de cartas era grande.

Um dia, o vovô Vicente estava mexendo na horta da casa de Canoas, cidade perto de Porto Alegre. Eis que, de repente, surgiu uma cobra venenosa de duas cabeças. No que o vovô Vicente conseguiu dar uma paulada numa das cabeças da cobra, ela já foi atacando-o com a outra. Eu estava lá em casa naquele dia. A própria vovó Debir costumava fazer as cobras se lembrarem do grande mal que tinham causado a Eva. Talvez estivesse se vingando em nome de todas as mulheres. A vovó hipnotizava-as antes de matá-las a paulada.

Uma vez, quando estávamos numa outra igreja, um amigo disse, em tom de brincadeira, que a maioria dos crentes é "ateu funcional". Com isso, ele quis dizer que as pessoas não acreditam realmente no que dizem acreditar porque não agem como se acreditassem. Comparei a descrição dele ao levita e ao sacerdote da parábola. Enquanto o levita e o sacerdote seriam identificados primariamente por sua fé, espiritualidade e religiosidade, o samaritano não falou nada de religioso na parábola. O levita e o sacerdote não agiram por causa da sua fé, enquanto o bom samaritano agiu por boa vontade. Como identificar o bom samaritano: como herege, ateu ou alguém de outra etnia? A resposta não importa. Além do crer ou não crer, o samaritano foi aquele que agiu com solidariedade.

Eu fui a um evento em que um dos caciques de um dos Povos Originários canadenses falava sobre espiritualidade. Enquanto ele se referia ao "espírito" das pessoas ou do universo, eu interpretava "espírito" de uma forma mais filosófica e menos crente. O "espírito" das pessoas ou do universo pode ser interpretado como a coisa em si.

Eu gostava de assistir àquele show "Procurando o Pé-Grande", na TV, com vocês.

Recebi um e-mail na semana passada, de um representante na ONU, de uma entidade de ateus humanistas. Junto com uma muçulmana e com a Anistia Internacional do Canadá, estamos envolvendo governos ocidentais na petição pela libertação de um muçulmano da Arábia Saudita que foi condenado a mil chibatadas por heresia e apostasia. Conheci sua esposa, que está asilada em Quebec. Contatamos também o grupo de ateus humanistas daqui da cidade, que também se somou às petições e manifestações públicas.

Espero que já tenha ficado claro para vocês que a religião ou sua falta não torna ninguém melhor ou pior do que outros. E a mamãe concorda. Esses dias, eu disse a ela que certo fulano era crente, ao que ela respondeu que isso não lhe dizia nada sobre o que esperar da ética daquela pessoa.

De acordo com Kant, se você age ou para agradar a Deus ou pelo medo do castigo de Deus, sua conduta não é virtuosa. A moral teria dois princípios fundamentais: a liberdade para decidir e o desinteresse (sem esperar algo em troca). Se a pessoa precisa saber se está agindo segundo a vontade de Deus, ela destrói a moral. A moral seria a deliberação livre e voluntária do ser humano sobre a própria vida. Kant assim relega a "fé" à religião e separa a religião da moral.

Não sei por que vários pastores evangélicos gritam, bravos. O Eric, esses dias, acordou de madrugada com um pesadelo com "Jesus feio", conforme suas próprias palavras, e veio para nossa cama.

Tillich diria que a filosofia pergunta e a religião responde. Mas acho que a religião não responde nada. A religião diz que sua linguagem faz sentido porque sim. Se "Deus", "pecado", "céu", "graça" querem dizer "o outro", "transgressão", "utopia", "presente", por que não usar esses termos? Eu entendo a frustração e até a oposição dos mágicos quando o Mister M explica os truques. A religião disse que responde perguntas, mas o faz em línguas estranhas. O ônus é da religião para explicar o que ela quer dizer. Não fazê-lo é uma apropriação indébita dos sentidos das coisas. Por exemplo, consigo ver a beleza e a riqueza das histórias contadas por nossos ancestrais e chamo-as de literatura, mas não de religião. Pegar linguagem não religiosa e dizer que tem religião escondida sem dar uma boa filosofada é uma sacanagem.

Derrida, influenciado por Ferdinand de Saussure, observa que as palavras não têm sentido intrínseco. "Deus" não pode ser um buraco negro que suga tudo para dentro de si, isto é, a simples citação da palavra "Deus" não implica em nenhuma afirmação. Bertrand Russell ajudou-me a ver que a referência não implica na existência ("Unicórnios têm chifres"). Wittgenstein ajudou-me a ver que a linguagem é um tipo de jogo em que os sentidos são resultados de convenções sociais. "Eu creio" facilmente se confunde com "eu penso". Assim, conheço alguns cristãos incrédulos que, além de tomarem remédio quando ficam doentes, irritam-se com pedidos de explicação sobre como o sobrenatural aconteceria no mundo natural.

Em junho de 2010 fui ao encontro da Consulta Nacional da Fraternidade Teológica Latino-americana, setor Brasil, no Rio de Janeiro. Quando eu disse para o tio Sidney que iria a uma conferência de teologia, ele respondeu: "Não tem nada mais útil pra fazer do que teologia? Que tal culinária?". O tio Sidney sempre está certo, crianças. Não vou mais a nenhuma conferência de teologia.

Em 2013, o grupo da Igreja Menonita também visitou a Primeira Congregação Unitarista Universalista da cidade. Gostei de uma música que cantaram no culto, chamada "Woyaya", que dizia "estamos indo sabe-se lá pra onde". Perguntei à pastora qual era a origem dos Unitaristas. Ela falou que ela traça essa origem a Ário. Não poderia haver herege maior para "cristãos ortodoxos". Ário é ainda visto por "cristãos ortodoxos" como o herege do Primeiro Concílio de Niceia de 325 AD. A pastora disse considerar-se agnóstica. Perguntei quais eram as doutrinas unitaristas, isto é, suas crenças. Respondeu-me que enfatizam a liberdade do indivíduo de decidir sobre sua espiritualidade e que, portanto, não faria sentido sua religião ter doutrina. Em outras palavras, eles não descrevem no que creem porque são diversos e a identidade de grupo baseia-se nos relacionamentos, não nas crenças. Dentre as formas de lidar com doutrinas nas religiões que conheço, não vi exemplo melhor.[5] As crenças religiosas são instrumentos de normatividade e controle do pensamento.

Um dia desses fomos jogar boliche. O Lucas e o Eric disseram que estavam usando a Força para mudar a trajetória da bola e derrubar mais pinos. O Lucas, certa hora, usou a Força e fez um strike.

Eu era botafoguense quando pequeno por influência dos meus tios. Aos seis anos de idade, por testemunho de um taxista, converti-me ao Flamengo. Em Porto Alegre, eu era gremista, embora primariamente flamenguista. O vovô Monfardini é tricolor, mas também era gremista como eu. Não sou um flamenguista fundamentalista. Na verdade, nunca decorei uma escalação completa. Mas quem é que vai dizer que não sou flamenguista? O meu time é o Mengão! Fronteiras são abstrações que não existem. Fronteiras sempre mudam e são relativas. Sempre provisórias, inexatas, cheias de notas de rodapé. Sempre impostas. Sempre resultado temporário de politicagem. São convenções criadas artificialmente.

Certos fenômenos relacionados à religião são não apenas consequências da descrença em instituições, mas também um tipo de atestado de irrelevância das instituições. No censo do ano de 2000 na Inglaterra, 390.127 pessoas declararam pertencer à religião Jedi. A Igreja do Monstro de Espaguete Voador, fundada por Bobby Henderson em 2005, crê que o dito Monstro, um ser divino e invisível, é o criador do universo. Eu vi aqui na biblioteca pública o Evangelho do Monstro de Espaguete Voador, o livro sagrado da religião. A Igreja Pare de Comprar nos Estados Unidos da América,

---

[5] O tio Sidney teria certo problema com a tolerância dos Universalistas. Ele não teria problema em afirmar que "isso que determinada religião diz é uma grande bobagem". Deve haver espaço em todos os lugares para tais críticas, mas entender mais o motivo de as pessoas serem religiosas que o "conteúdo" de suas crenças pode aproximar em vez de afastar.

liderada pelo Reverendo Billy, é mais ativa politicamente que qualquer grupo religioso que já conheci. Estiveram presentes em praticamente todas as manifestações políticas de base significativas naquele país da última década, além de ações diretas visando a grandes corporações, como Wal-Mart, Disney, Monsanto, Bank of America e Starbucks. No Brasil, o Bispo Arnaldo, da Igreja Evangélica Pica das Galáxias, denomina-se "homem de Deus pra caralho". Era pastor antes, mas agora prossegue rumo ao título de semiDeus. Com uma linguagem colorida que, certamente, fere os ouvidos mais puritanos e com sarcasmo, expõe a hipocrisia sexual evangélica.

Outros fenômenos veem Fênix renascer das cinzas. A Sunday Assembly (Assembleia Dominical) é uma igreja de origem ateia que se reúne em diversos países. Não têm doutrinas nem deidades. São "100% celebração da vida". Afirmam serem "radicalmente inclusivos", e todos e todas são aceitos independentemente de crenças (o que inclui crentes).

A Igreja de West Hill, em Toronto, é afiliada à Igreja Unida do Canadá e se identifica como pós-teísta. Isto é, não creem em um ser sobrenatural, mas acreditam na sacralidade inerente de uma vida de amor e justiça. Gretta Vosper, a pastora, identifica-se como ateia.[6] A Igreja Unida do Canadá aprovou a moção de expulsão da Gretta, contudo, após um processo pouco disposto ao diálogo de uma das partes.

Albert Camus escreveu: "Leio frequentemente que sou ateu e ouço falar de meu ateísmo. Contudo essas palavras não me dizem nada, elas não têm sentido para mim. Eu não creio em Deus e eu não sou ateu".[7] Camus considerava que havia uma impossibilidade filosófica de decisão pela existência ou não de Deus. Assim, pode ser considerado um agnóstico. Mas por não deixar "em suspensão"

---

[6] Gretta Vosper é autora do livro *With or without God: why the way we live is more important than what we believe*, que pode ser traduzido como "Com ou sem Deus: porque a forma que vivemos é mais importante que o que cremos".

[7] CAMUS, Albert. **Carnets III**, Gallimard, 2013.

essa indecisão,[8] na prática viveu como se Deus não existisse. Ao contrário de Pascal que dizia que era melhor crer em Deus porque não tinha nada a perder e tudo a ganhar, Camus achava que a aposta na crença em Deus era uma aposta contra a razão. Derrida descreve uma religião sem religião como uma abertura radical para o futuro, um chamado sem fim à justiça, sem pastores, sem liturgia, sem dogmas e sem superstições. Na religião sem religião não há como saber se as relações entre as pessoas são éticas ou religiosas.[9] Derrida afirmou: "Se a pessoa não vai o mais longe possível na direção do ateísmo, ela não crê em Deus. Os verdadeiros crentes sabem que eles têm que correr o risco de serem ateus radicais. [...] Deus não é um ser absoluto. [...] Eu não diria 'eu sou um ateu' e não diria 'eu sou um crente' tampouco".[10]

Embora as teologias negativas tenham afirmado que Deus transcende a linguagem, Derrida ainda percebe um resquício de presença e passa para desconstruções da teologia que "libertariam a teologia de seu superego metafísico-filosófico".[11] Gianni Vattimo escreveu: "Graças a Deus eu sou um ateu".[12] Embora alguns teólogos anteriores já tivessem esvaziado qualquer noção de presença ou força divinas, não li filósofo mais ateu que Žižek, para quem Deus está mortinho da Silva e não serve para dar sentido à vida. Mesmo sendo o mais ateu dos filósofos que conheci, Žižek fala bastante sobre religião. "A única forma de ser realmente um ateu é através do Cristianismo. O Cristianismo é muito mais ateu que o ateísmo comum",[13] porque esse Cristianismo também abandona o Outro.[14]

---

[8] Não creio que agnosticismo implique em "indecisão".
[9] HART, Kevin. **Understanding Derrida**, Bloomsbury Academic. 1 ed. 2004.
[10] DERRIDA, Jacques; CAPUTO, John. **Jacques Derrida on Atheism and Belief.** Youtube. 3 de dezembro de 2011. Disponível em: <https://www.youtube.com/watch?v=hcl00tc-WHc>. Acesso em: 3 nov. 2018.
[11] DERRIDA, Jacques in CREECH, James; KAMUF, Peggy; TODD. **Deconstruction in America: an interview with Jacques Derrida.** Critical Exchange 17. 1985.
[12] VATTIMO, G. Dialogue: what is religion's future after metaphysics? In: RORTY, R.; ZABALA, S. (Eds.). **The future of religion**. [s.l.] Columbia University Press, 2005. p. 304.
[13] ŽIŽEK, Slavoj In: FIENNES, S. The Pervert's Guide to Ideology, **P Guide Productions**, 9 jul. 2012.
[14] O Žižek e o tio Sidney, crianças, são tipo oráculos. Quando achamos que uma coisa talvez seja de um jeito, eles mostram que é de outro.

Leonardo Boff, em seu livro *Jesus Cristo Libertador*, cita Ernst Bloch: "Só um bom cristão pode ser um ateu e só um bom ateu pode ser um cristão".[15]

Minha reconfiguração (ar)religiosa é a mesma coisa que minha história, minha construção. Assim como a linguagem religiosa é limitada para expressar a vida, também categorizações religiosas se tornam inadequadas para me incluírem. As categorizações são artificiais. Sem entender mais as línguas estranhas da religião, cabe a mim a deliberação livre e voluntária sobre a minha própria vida.

Um dia peguei um táxi em São Francisco e disse ao motorista para ir a determinada churrascaria, ao que ele disse: "Carne vermelha faz mal à saúde".

Santo Agostinho, quando menino, roubou peras de seu vizinho. O peso e a culpa desse pecado renderam sete capítulos em seu livro *Confissões*. Em 2015, uma criança chamada Jackson escreveu uma nota para a Biblioteca Pública de Toronto, pedindo desculpas por rasgar uma página de um livro de história em quadrinhos. Acometendo grande pecado, Jackson adormeceu na parte superior do beliche e deixou o livro cair, configurando-se, portanto, o crime de dano ao bem público. Em sua nota, Jackson disse que não aconteceria de novo, isto é, que não pecaria novamente. Em minha opinião, crime maior é uma pessoa não ler.

Considerando que o número de variações entre os 5.700 manuscritos catalogados é maior que o número de palavras no Novo Testamento, quem garante que Jesus não disse: "Vá e peques mais"? As práticas religiosas são instrumentos de coerção do comportamento. As meditações sobre o que fazer com a moral cristã se desenvolvem a partir da ideia citada de Kant. Se antes "pecado" trazia a rejeição de Deus, agora a ética contempla as complexidades dos contextos considerando os mais variados fatores pessoais e sociais.

---

[15] Das teologias propriamente ditas, nenhuma foi mais admirada por mim do que a Teologia da Libertação.

Enquanto a ética trabalha, o amor e a compreensão me entendem e me acolhem. Mas não vá embora assim tão rápido, pecado. Talvez me ajude a entender quais eram essas grandes transgressões. Na minha reconfiguração (ar)religiosa, a Geni, da *Ópera do Malandro*, é figura redentora que anuncia a liberdade, o gozo, a autenticidade, e denuncia a hipocrisia e o autoritarismo.

> Considerando que o reconhecimento da dignidade inerente a todos os membros da família humana e dos seus direitos iguais e inalienáveis constitui o fundamento da liberdade, da justiça e da paz no mundo, [...] toda a pessoa tem direito à liberdade de pensamento, de consciência e de religião; este direito implica a liberdade de mudar de religião ou de convicção.[16]

Partindo desse reconhecimento, procuro respeitar todas as religiões e praticantes que cruzam meu caminho. A religião é parte importante na vida de muitas pessoas. Mais que reconhecimento e respeito, posso olhar com aceitação e amor o "eu" anterior à reconfiguração, acolhendo sua felicidade no exercício da religião. Não que a analogia no caso seja justa, mas no mito da caverna a pessoa pode estar feliz. Não seria honesto um relato que descrevesse as experiências como infelizes. Pelo contrário, mesmo nas suas ambiguidades e contradições, a religião proporcionou um leque de experiências e emoções, sendo algumas negativas e várias positivas. A energia que motivava a piedade religiosa é a mesma que agora motiva "as minhas coisinhas", o ser, o estar e o fazer no cotidiano.

Antes de escrever mais sobre o que me inspira hoje, lembremo-nos do mito de Sísifo. Sísifo foi condenado por Zeus a empurrar eternamente uma pedra grande ladeira acima. Chegando ao topo, a pedra rola até embaixo e Sísifo recomeça a tarefa. Camus disse que o mito descreve o absurdo da experiência humana em sua busca por sentido num mundo sem Deus, sem verdades e sem valores.

---

[16] ONU. **Declaração Universal dos Direitos Humanos**. Preâmbulo e parte do artigo 18°. 1948. Disponível em <http://www.ohchr.org/EN/UDHR/Documents/UDHR_Translations/por.pdf>. Acesso em: abr. 2018.

Camus viu a revolta, que é uma forma de transgressão, como única alternativa para Sísifo, e imaginou-o contente assim.

A parte interessante do mito está no retrato de uma dor existencial do ser humano. Essa dor é muito anterior à pós-modernidade. Sim, a vida tem dores, crianças. Mas a vida não é essencialmente penosa. Imaginemos Sísifo ouvindo os passarinhos, comendo morangos e sorrindo! Antes da transgressão, Sísifo pode gozar da alegria de simplesmente ser. Imaginemos também Sísifo malandro, mais esperto que Zeus. Quando o medo da transgressão for menor que sua culpa, Sísifo se revoltará e jogará a pedra em Zeus. Já posso vê-lo cantando e tocando pandeiro numa roda de samba, numa mesa da periferia com cervejas.

Mas não caiam aqui na armadilha da linguagem. Nós não precisamos assumir que o mito de Sísifo é um retrato fiel da vida. Quais histórias vocês querem redigir para a vida de vocês?

Minha intenção não é de recomendar ou prescrever "minha moral" a ninguém. Obviamente, pessoas têm morais diferentes. Também notem que a moral que concebo não é um hedonismo, muito menos um hedonismo pós-moderno (depois leiam sobre a ética imoral de Žižek, por favor). Vocês sabem o quanto a política é importante para mim. Entendo que vivo em contextos sociais e não há como falar desses trecos de moral e ética sem falar de política. Camus que o diga: a revolta de Sísifo é política! Sim, a política pode ser vista como a relação (às vezes violenta) entre poderes. A política e derivadas – como a paz e a justiça – chegam a mim como vida. Na minha reconfiguração (ar)religiosa, o protesto da banda de punk rock feminista Pussy Riot cantando "Holy Shit", na Catedral de Cristo Salvador, em Moscou, é relevante e válido porque denuncia a cumplicidade da religião e da política na perpetuação de uma situação injusta. Na minha reconfiguração (ar)religiosa, João de Santo Cristo é figura messiânica que morre no microcosmo, alheio às políticas do macro.

A explicação de Clóvis de Barros Filho sobre como Marx viu Deus e religião me consola. Segundo ele, Marx notou que na luta de classes entre opressores e oprimidos, a violência do cassetete nem sempre é necessária porque "Deus", compartilhado por ambos os grupos, vive, contudo, do lado dos opressores e garante um proletariado bem conformado e comportado. Tenho medo, crianças, que vocês se tornem liberais alienados. Tenho medo que as banalidades do consumismo lhes hipnotizem.

O Flamenco chegou a mim por acaso. Gosto dele por vários motivos. Musicalmente, seu ritmo é impressionante. Está muito presente nas festas populares espanholas. Ele retrata uma mistura cultural com influências históricas dos mouros e dos ciganos. O Flamenco é uma espécie de pentecostalismo (ar)religioso. Em momentos de "improvisação", guiados pelo que vem do coração, todos extravasam a emoção da vida: cantores/as, violonistas, *palmeros/as*, dançarinas/os. Ouço a dor existencial em "Autorretrato", de Vicente Amigo. Mas a cena que guardo no coração vem do Corral de la Morería em Madri, com a alegria de uma *bulería* final, da qual todos/as participam.

Não posso não ler Camus, Derrida, Žižek, Critchley, Gramsci, Chomsky, Enrique Dussel, Ernst Bloch e Michel Onfray. Além desses, há vários outros e outras que quero ler. Não sei quando vou terminar a minha fila de livros. Além dos que estão aqui no escritório, há vários outros da biblioteca pública salvos na minha lista. Estou preocupado porque não sei se conseguirei ler todos antes de morrer.

Não consigo deixar de acompanhar as questões indígenas do Brasil e da América. Não posso não acompanhar a história Zapatista. Não posso não ler Galeano. Não consigo não acompanhar a História da Colômbia, dos Estados Unidos, da Palestina e do Canadá, dentre outros países. Sigo os casos de Rafael Braga Vieira, Jeremy Hammond, Lauri Love, Julian Assange e Chelsea Manning. Ouço músicas de vários estilos. Confesso que a música clássica ainda me fala de forma especial.

Não posso deixar de ouvir as vozes do Brasil, Pindorama, especialmente as dos oprimidos. Não consigo não acompanhar a História do Brasil. Não posso não ouvir Chico Buarque, Vinícius de Moraes, Gilberto Gil, Bezerra da Silva. Não posso não ler Machado de Assis, Fernando Pessoa e Carlos Drummond. De madrugada leio sobre História e todos esses negócios aí. Quando eu for ao Brasil da próxima vez, quero comer goiaba. Quando ando pelas ruas de Porto Alegre revivo minha história e estou autoconsciente, embora o sonho sempre acabe cedo. Quando eu voltar à cidade, não sei se a reconhecerei.

A vovó Loecy, depois que o pai dela morreu, foi levada para morar na casa de um sapateiro da igreja. A mulher dele se chamava Dona Clarice. A vovó Loecy tinha pouquíssimas roupas e toda vez que ela queria usar um vestido ou qualquer outra coisa melhorzinha, a Dona Clarice sempre dizia: "Guarda para um belo dia". Hoje é o belo dia, crianças.

Referências

CAMUS, Albert. **Carnets III**, Gallimard. 2013.

DERRIDA, Jacques; CAPUTO, John. **Jacques Derrida on Atheism and Belief**. YouTube. 3 de dezembro de 2011. Disponível em: <https://www.youtube.com/watch?v=hcl00tc-WHc>. Acesso em: abr. 2018.

DERRIDA, Jacques. In: CREECH, James; KAMUF, Peggy; TODD. **Deconstruction in America:** an interview with Jacques Derrida. Critical Exchange 17. 1985.

DIENER, Ed In: BELIC, R. **Happy**. 9 de maio de 2011. Disponível em: <https://www.netflix.com/watch/70243161>. Acesso em: abr. 2018.

HART, Kevin. **Understanding Derrida**. Bloomsbury Academic. 1 ed. 2004.

ONU. **Declaração Universal dos Direitos Humanos. Preâmbulo e parte do artigo 18°**. 1948. Disponível em <http://www.ohchr.org/EN/UDHR/Documents/UDHR_Translations/por.pdf>. Acesso em: abr. 2018.

VATTIMO, G. Dialogue: what is religion's future after metaphysics? In: RORTY, R.; ZABALA, S. (Eds.). **The future of religion**. Columbia University Press, 2005. p. 304.

ŽIŽEK, Slavoj. In: FIENNES, S. The pervert's guide to ideology. **P Guide Productions**, 9 jul. 2012.

Capítulo II

POR QUE RAIOS FOI QUE EU ENTÃO A CRIEI NA IGREJA?

Sidney Givigi Jr.

Querida filha,

Tive a sorte de nascer em um lar batista no Brasil lá pelos meados dos anos 70. Meus pais não eram ricos e moravam em uma cidade interiorana do Espírito Santo, talvez o estado mais insignificante em toda a federação. Quando eu digo que tive sorte, estou sendo sincero. Com o passar do tempo, a situação financeira dos meus pais melhorou enquanto a do restante da família permaneceu inalterada, e isso, no nosso caso, estava totalmente relacionado ao fato de sermos evangélicos.

A religião dos meus pais ditava nossos valores, e os valores que norteavam nossa vida eram muito diferentes das famílias dos meus primos. Dávamos muito mais valor à disciplina e à educação que eles, a leitura e a discussão de ideias eram incentivadas e meus pais se esforçavam enormemente para nos dar estrutura e previsibilidade. Nada disso aconteceu com os meus primos. Tanto que, entre todos nós (25 primos), só eu, seu tio e suas três tias fomos para a universidade (100% para nós e 0% para o resto). Obviamente, houve algo de diferente em nossa criação, já que geneticamente somos todos muito similares.

Minha experiência com a igreja não poderia ter sido melhor. Dentre todos os ambientes sociais em que convivi foi, de longe, o que me deu menos problemas. Lá, nunca tive problemas de relacionamento, nunca briguei, construí amizades sólidas, nunca sofri *bullying* e convivi com pessoas muito diferentes de mim ou de minha família, o que acho que foi extremamente positivo para minha formação. Os adultos me eram gentis e prestativos, tratando a todos com carinho e sem preconceito. Em nenhum outro ambiente tive tantas boas experiências com tão poucos pontos negativos como na igreja.

É lógico que havia aquele negócio de dizer que se não fôssemos bons crentes iríamos para o inferno. Ouvi pregações que diziam que se Jesus voltasse e estivéssemos em um cinema, por exemplo, estávamos danados. Mas isso nunca me incomodou. Depois de adultas, suas tias me disseram que tinham medo disso, mas eu nunca tive. Achava engraçado, o inferno nunca me pareceu real. E as expectativas e normas da igreja nunca tiveram muita influência sobre mim. Talvez por isso mesmo nunca tenha sido muito afetado pelo medo do inferno, medo do sexo, medo da bebida, medo do julgamento alheio. Talvez, se minha relação familiar fosse mais complicada, isso teria feito diferença. Talvez, se a igreja fosse meu único grupo social, eu tivesse tido mais problemas. Mas não foi isso que aconteceu.

A crença de que a religião impacta negativamente todas as pessoas é com certeza falaciosa, apesar de ser hoje em dia muito popular. Certo pastor brasileiro (chamado Caio Fábio, que eu espero que você nunca venha a conhecer) diz que os crentes (é assim que se denominam os evangélicos no Brasil) são sexualmente doentes (ele também é psicanalista e como tal praticante de uma pseudociência fundada por Freud). A pergunta óbvia é como ele pode provar isso? (resposta: ele não faz a menor ideia e não está nem aí, prova não faz parte de seu vocabulário). Essa é a experiência dele e é lógico que ele não pode extrapolar suas observações para uma população sem um estudo estatístico. Porém eu tenho a impressão de que ele nem sabe o que é estatística. Aliás, essa é uma característica que é compartilhada por quase todas as pessoas da área de "humanas" no Brasil. E a teologia é a disciplina da área de humanas que estuda o nada. De qualquer forma, minha experiência (que também não pode ser extrapolada para outras pessoas) foi muito positiva. Lógico que isso também não quer dizer que todas as pessoas (ou a maioria) tenham uma boa experiência na igreja.

Cresci sem muitos percalços. Em casa, fazíamos culto diariamente, nos quais líamos a Bíblia e orávamos. Eu gostava de ler a Bíblia, pois suas histórias lembravam as histórias que lia nos livros infantis e suas narrativas estão dentre as melhores da literatura mundial. A história de Davi e Golias, o livro de Atos e os feitos dos juízes de Israel são emocionantes! É por isso que eu as leio para você todos os dias e você as adora! Mas, sinceramente, não sei se em qualquer momento de minha vida acreditei nelas literalmente, incluindo-se aí os milagres de Jesus. Lembro que minha mãe nos deu uma vez umas revistinhas que contavam a história do Êxodo. A qualidade da arte (pelo menos para mim aos 10 anos) era incrível. Eu não cansava de ler os vários volumes e me encantava com as dez pragas, com o Mar Vermelho sendo aberto, com o sol parando no céu. Mas não acho que acreditava que tudo isso havia acontecido. Para mim, era mais uma história. Na verdade, hoje acredito que quase ninguém acredita na Bíblia como descrito na declaração doutrinária das igrejas. As pessoas, minha filha, não gastam muito tempo desafiando suas próprias ideias.

Mas não quero que você pense que enquanto eu crescia eu era um livre pensador, completamente descrente. Lembro que na escola (Colégio Marista, católico), durante as aulas de ensino religioso, eu tentava defender os dogmas evangélicos e a interpretação literal da

Bíblia, mas muito mais por um exercício intelectual que realmente uma crença. Esse desprendimento de uma crença totalmente literal poderia não ter ocorrido se eu tivesse crescido em um lar pentecostal. Porém, entre os batistas, o questionamento acerca de alguns fenômenos sobrenaturais, como a possessão demoníaca e falar em línguas, por exemplo, era lugar comum. Daí a questionar todos os outros, como curas, visões, revelações, milagres etc., foi um pulo. Também não quero passar a impressão de que a minha mudança foi sem dores. Mudar, nunca é fácil, e eu tive dificuldades em desafiar meus próprios conceitos, como é normal com todo mundo.

Há um tempo, assisti a uma palestra de um professor da Universidade de Toronto chamado Jordan Peterson sobre redenção. Nessa palestra ele sugeriu que quando a Bíblia fala de sacrifício, ela faz uma alegoria das mudanças na vida. Quando mudamos de opinião, precisamos sacrificar uma parte de nós mesmos. Não sei se isso é correto ou não, mas é assim que me sentia nas minhas crenças mais pessoais. Hoje, comemoro quando mudo de opinião, porém nem sempre foi assim. Mas devido aos meus interesses intelectuais, acho que foi mais fácil para mim do que para outras pessoas.

Desde pequeno, sempre me interessei por ciências e matemática e isso me fez pensar muito diferente do resto da minha família, que se interessava muito mais por história, geografia e literatura. Eles não acreditavam em alguns fenômenos sobrenaturais baseando-se na Bíblia. Eu não acreditava porque não tinha comprovação empírica, porque minhas observações não confirmavam o que as pessoas descreviam. Também nisso, acho que minha herança batista me ajudou. Entre os batistas não havia o mesmo culto à personalidade e autoridade como entre os pentecostais, logo era natural duvidar do pastor e confrontá-lo em caso de discordância de pensamento.

Entretanto, na minha adolescência, os batistas começaram a ser muito influenciados pelos fenômenos sobrenaturais e, consequentemente, passaram a ver os pastores como os "ungidos do Senhor". Vi muitos "avivamentos", eventos em que pessoas recebiam dentes de ouro, profecias eram dadas, ou êxtase espiritual podia ser experimentado. Mas eu me sentia um peixe fora d'água. Até que fiz muito esforço para sentir ou experimentar essas coisas também, mas eu nunca fui capaz. Vi algumas "possessões" demoníacas, mas para mim era óbvio que as pessoas tinham problemas mentais ou simplesmente estavam embriagadas. Os dentes de ouro não passavam de obturações normais e as visões eram tão gerais que mais pareciam horóscopos. Impressionava-me em como as pessoas podiam acreditar naquilo tudo!

Mas a melhor coisa que me aconteceu na igreja foi conhecer sua mãe. Ela era uma adolescente muito espiritual e com um dom incrível de ver além das aparências. Assim, quando começamos a namorar, senti-me compelido a me enquadrar! Levou-me algum tempo para entender que ela simplesmente tinha uma sensibilidade naturalmente mais aguçada que as outras pessoas, que aquilo não era um dom sobrenatural. Desde aquela época, ela era capaz de sentir a intenção das pessoas, compartilhar seus sentimentos e entender seus sofrimentos. Para mim, que não tenho muito jeito com pessoas, aquilo me pareceu incrível! Fiz muito esforço para me tornar mais firme na fé, para passar a sentir o sobrenatural. Entretanto todas as minhas tentativas fracassaram enormemente. Mas como conseguia aprender qualquer assunto com muita facilidade, passei a ler livros teológicos e passei a ensinar na escola bíblica ou na união de adolescentes e jovens. E, como em terra de cego quem tem um olho é rei, passei a ser admirado pelo meu conhecimento e talento teológico. Virei um charlatão!

Não que isso tenha sido intencional ou planejado. Mas é que todas as pessoas que estudam teologia são charlatãs. Teologia é muito parecido com astrologia, e todo astrólogo é também um charlatão por motivos óbvios. O fato que haja pessoas hoje em dia que estudam teologia é completamente ridículo. Eu sempre me admiro que haja pelo mundo afora cursos superiores de teologia, inclusive em boas universidades. E o fato de que haja pessoas que levam teólogos a sério é risível. Inclui-se aí teologia clássica, moderna, da libertação, libertária etc. E todos os que declaram qualquer conhecimento ou "expertise" teológico são charlatões. Se você encontrar alguém assim, tome cuidado. Ou a pessoa é mal intencionada ou tem problema da cabeça. Você deve sentir ou medo ou pena.

Foi muito fácil fingir ser especialista em teologia (mesmo que eu não estivesse intencionalmente fingindo). É só dizer algumas coisas sem sentido e citar umas ideias esdrúxulas de um teólogo alemão, qualquer um. Mas, no mundo de verdade, leva muito tempo para uma pessoa realmente entender alguma coisa em profundidade e, como todo mundo tem tempo limitado, só há algumas poucas coisas em que podemos nos tornar especialistas.

Eu li bastante sobre teologia, desde livros populares até livros acadêmicos, mas eu não tenho qualquer formação teológica que mereça referência. Você encontrará, durante a vida, muita gente que acha que é especialista nos mais diversos assuntos por apenas ter lido sobre um assunto algumas vezes. Essa é uma das principais causas que me leva a não levar a opinião da maioria das pessoas a sério. E apesar disso não ser uma exclusividade dos religiosos, parece-me que eles a transformaram em uma arte. Alguns teólogos ou pastores adoram comentar em como eles agora conhecem a Deus melhor porque leram sobre Física Quântica, mas não sabem resolver uma equação de segundo grau. Como isso é possível, eu não sei. Talvez eles ajam assim porque é fácil fingir que se sabe alguma coisa em assuntos que são nebulosos para outras pessoas. E as pessoas enrolam muito, principalmente em assuntos em que é difícil se afirmar que se está errado (esse não é o caso da física, mas como a maioria das pessoas se assusta ao ver uma equação diferencial, é fácil notar porque elas ficam impressionadas quando alguém se apresenta como sábio no assunto).

No caso da teologia, o problema é agravado porque não há absolutamente como se afirmar que alguma teoria teológica está errada. Tudo é justificado por alguma passagem obscura de um livro sagrado. O que é contraintuitivo torna-se ainda mais profundo e causa ainda mais admiração. Quando algumas dessas pessoas perdem a fé na teologia e decidem sair da igreja, mergulham na filosofia (principalmente filosofia continental pós-moderna) e continuam a tentar enganar os incautos. Isso ocorre porque, em minha opinião, as pessoas mudam de ideia ou convicções, mas, no fundo, continuam as mesmas. As crenças (religiosas ou não) são apenas circunstanciais e a necessidade de se encontrar respostas fáceis para o que observamos é uma grande tentação.

Voltando à minha história, fui um charlatão por quase dez anos. No início não percebi nada e me sentia feliz e realizado com minha função nas igrejas que frequentava. Até passei a dizer que a Bíblia não tinha contradições! O que me salvou foi que eu nunca fui capaz de negar as evidências dos fenômenos naturais. As pessoas que eu conhecia negavam a teoria da evolução sem ter o mínimo conhecimento de biologia e defendiam que a cosmogonia bíblica tinha base científica, mesmo sem serem capazes de escrever uma equação. A racionalidade me libertou da charlatanice. Hoje, em pleno século XXI, eu fico besta em ver que ainda há pessoas que se importam com teologia ou com debates teológicos, seja teologia da libertação ou da prosperidade. No fundo, todas são ilusões e racionalizações mal feitas, tão ridículas quanto horóscopos de jornais. E foi essa realização que me fez me tornar crítico das ideias propagadas pelas religiões em geral e do Cristianismo em particular.

Mas acho que há uma distinção a ser feita que ajuda bastante no entendimento de como as crenças afetam nossas vidas. A maioria das pessoas nas igrejas não se importa com teologia, o que é natural (e muito bom). As pessoas vão a igrejas porque têm a necessidade de ter uma experiência com o transcendente. O futuro, minha filha, assusta. O prospecto de que vamos deixar de existir é assustador. Na sua idade achamos que somos eternos, que nada pode nos parar. Quando se chega à minha idade, as coisas mudam. O prospecto do fim é bem claro e o medo que vem com isso é muito real. A religião ajuda a domar esse medo. E por causa desse medo do desconhecido a religião propõe que já chegamos ao conhecimento completo sobre o sentido da vida, ou seja, já chegamos ao final da nossa jornada.

Entretanto a resolução desse medo tem um efeito colateral, que é o de fazer as religiões se tornarem um espinho na carne de algumas pessoas. Todas as religiões que conheço realçam que as pessoas são naturalmente ruins e indignas de qualquer coisa boa que lhes aconteça. Por alguma razão, elas negam a humanidade das pessoas e criam certezas que tiranizam a vida dos fiéis. Além disso, elas procuram por respostas no passado, não no futuro, afirmando que tudo o que já ocorreu é melhor, que o conhecimento do passado é mais profundo que o que podemos atingir no futuro, cultuando aqueles que vieram antes de nós e demonizando os que ainda estão por vir. Enfim, as religiões não podem ser extrapoladas para o futuro e por isso não podem ser falsificadas, fazendo-se com que não haja como chegar à conclusão de que o que pregam está errado. Acho que é por isso que os religiosos têm tanto medo da ciência, pois a ciência assume que não temos todas as respostas e que podemos nunca vir a ter as respostas que queremos.

A ciência olha para o futuro, para o desconhecido, e encara o mistério como algo a ser apreciado e não temido. Em contraste, o desconhecido gera pavor nos religiosos, que acham uma aberração tomar uma decisão sem ter todos os fatos (verdadeiros ou inventados). Uma das minhas poucas especialidades é teoria dos jogos (escrevi uma tese de doutorado sobre a aplicação da teoria de jogos para a representação da interação entre múltiplos veículos autônomos) e um dos resultados mais interessantes dessa forma de analisar conflitos é que, em muitas situações, a melhor estratégia é escolher uma ação de forma aleatória (baseando-se numa distribuição probabilística que pode ser calculada). Religiosos (e ex-religiosos com espírito de crentes) não conseguem entender isso!

Além disso tudo, a religião pode e é usada como uma muleta para as pessoas se sentirem melhor com o que não sabem, é uma forma de lidar com o medo da falta de sentido da vida. O problema é que creio que haja evidências o bastante para afirmar que a religião tem aversão à verdade, e isso é muito sério. Não que em seu estado normal as pessoas procurem a verdade. As pessoas querem apenas achar que estão certas, não estarem certas de verdade, mesmo quando elas supostamente têm algum conhecimento sobre um assunto específico.

Em geral as pessoas, minha filha, são estúpidas. E eu não quero dizer apenas as outras pessoas, nós também. O que nos resta é reconhecer nossa estupidez. O problema é que a maior parte das pessoas acha que elas não são estúpidas e fingem saber mais do que realmente sabem (isso não é novo e acontece desde os tempos de Sócrates, que saiu pelas ruas de Atenas enchendo o saco das pessoas, perguntando a elas o que elas sabiam. No final, descobriu que elas não sabiam nada e ele só era melhor que elas porque ele sabia que não sabia nada. Essa é, talvez, a melhor lição que devemos aprender na vida!).

Um físico famoso chamado Stephen Hawking disse certa vez que "o maior inimigo do conhecimento não é a ignorância, mas a ilusão do conhecimento". E, em minha opinião, a religião cria essa ilusão de conhecimento. Mas como esse conhecimento, na verdade, não existe, há um preço a se pagar, e ele se revela na dubiedade de suas doutrinas. É tudo tão dúbio que mesmo seus maiores expoentes não conseguem fazer uma interpretação consistente de seus preceitos e, muitas vezes, fazem o oposto do que pregam. Vou lhe contar uma historinha que pode esclarecer o que quero dizer.

Em janeiro de 2015 aconteceu um atentado terrorista em Paris: alguns fundamentalistas islâmicos fuzilaram mais de uma dúzia de pessoas, incluindo uns cartunistas de uma revista chamada *Charlie Hebdo*, que desenhavam umas charges sem graça do profeta Maomé e de outras religiões também. Na França, várias pessoas começaram um movimento que tinha como mote "Je suis Charlie", querendo dizer que se colocavam no lugar das vítimas e que prezavam o direito à livre expressão. É óbvio que muitas dessas pessoas, famosas ou anônimas, eram hipócritas e nem sabiam o que é livre expressão. Isso é de se esperar em manifestações que envolvam mais de três pessoas. Muitos religiosos, principalmente com viés de esquerda, começaram a escrever contra o movimento, usando o mote "Je ne suis pas Charlie". Isso ocorreu por causa de dois motivos principais. O primeiro é que eles não entenderam a manifestação e queriam defender aqueles que consideravam mais fracos, nesse caso, os assassinos (a esquerda, às vezes, sofre dessa idiossincrasia). E a segunda é que eles tinham que defender a religião em geral. De outra forma, eles teriam que enfrentar a realidade de que dedicaram vinte, trinta, quarenta anos, uma vida inteira, a algo que não faz sentido. E como era de se esperar, a maioria só falava bobagem. Vários deles, como por exemplo um ex-frade brasileiro chamado Leonardo Boff, não vale a pena comentar, porque provavelmente já terão sido devidamente esquecidos quando você for adulta. Outros, infelizmente, ainda serão populares quando você ler essa carta e por isso quero alertá-la contra eles. Dentre eles, o mais nocivo é o papa atual (um pop-star dos bobos religiosos de plantão), chamado Francisco I.

Mais ou menos uma semana depois dos atentados, ele deu uma entrevista em que falou da intolerância contra a religião, dizendo que o direito à livre expressão não pode ser usado para insultar a religião do próximo. E ele deu um exemplo. Disse que se um amigo que estava com ele no avião (estavam a caminho das Filipinas) xingasse sua mãe, poderia se preparar para levar um soco na cara. Além da pergunta óbvia de por que seria algo tão ruim insultar uma ideia e por que a religião deveria ter um status diferenciado, como é que o representante maior de uma religião cujo líder é conhecido por dizer que "se alguém lhe bater na face, dê a outra" pode afirmar em uma entrevista planejada que se deve fazer exatamente o contrário? E como é que os religiosos não veem nisso uma contradição? Aliás, a maior parte dos religiosos avançadinhos eram tietes desse papa. Provavelmente, quando você for mais velha, ele já será santo e venerado pelas coisas inócuas que fez. Mas, apesar de crítico, eu admiro esse papa pela sua capacidade de manipular os incautos e expor a credulidade daqueles que dizem não ter religião, mas que estão no mesmo barco dos demais crentes.

Como resultado da falta de capacidade dos líderes religiosos, você vai ouvir muita gente dizer que o problema do Cristianismo é a sua organização e não as suas crenças. Muitas pessoas vão lhe dizer que foi o apóstolo Paulo que estragou o Cristianismo, que desvirtuou as boas novas do bom caminho que Jesus fundou, criando regras e escravizando as pessoas. Assim, onde havia liberdade reina hoje a escravidão. Minha reserva ao Cristianismo não está na sua atuação, pois minha experiência sempre foi muito boa. Minha reserva está nas suas crenças e ao dano potencial que elas podem criar. E, nesse caso, a semente de todas as crenças e dos caminhos tomados pelo Cristianismo pode ser encontrada na pregação de Jesus, tanto para o bem quanto para o mal. Quero comentar dois fatores que considero extremamente nocivos que foram originalmente propostos por Jesus mesmo: o inferno como forma de punição e a "pecaminização" do pensamento.

A doutrina do inferno é encontrada nos evangelhos e não nas cartas paulinas. Aliás, Paulo nunca fala do inferno! Essa forma sádica de punição, esse local "onde o verme não morre e o fogo nunca se apaga" foi originalmente proposto por Jesus e é central nos evangelhos (boas novas). É lá onde todos os pecadores passarão a eternidade, desde aqueles que praticaram o genocídio até os que apenas não reconhecem Jesus como único salvador. A discordância de opiniões é punida com tortura e, dessa forma, a inquisição é filha direta de Jesus e não de Paulo. A crítica de que Jesus o propôs apenas para a outra vida e que a Igreja Católica deturpou a pregação do evangelho é irrelevante. A partir do momento em que a igreja se considera a seguidora de Jesus na terra e guardiã de seus preceitos, a tortura das pessoas é apenas uma extensão da tortura da alma. Por que as pessoas não conseguem traçar isso a Jesus é bem interessante.

Com o inferno, Jesus se mostra contrário à liberdade de expressão, mas ele vai ainda além: Jesus propõe o fim da liberdade de pensamento, tornando o próprio ato de pensar pecaminoso. Antes de Cristo, o pecado era medido por ações, mas Jesus afirmou que aquilo que pensamos já nos condena perante Deus. O adultério não é mais o ato de manter relações sexuais com a mulher do próximo, como a Lei especifica, mas apenas pensarmos em uma mulher com desejos libidinosos já nos torna adúlteros e condenáveis. Assim também como o homicídio, que passa a ser somente o ato de odiar alguém. O Cristianismo de Jesus é ditatorial e parece com o Estado descrito por George Orwell em seu livro *1984*. Por isso acho que é natural os religiosos defenderem terroristas e proporem limites às críticas às religiões.

Novamente, segundo Jesus, a blasfêmia é o único pecado sem perdão (isso também não é culpa de Paulo) e os blasfemos vão para o inferno. Juntando-se esses dois fatores com a conexão sobrenatural direta que o homem tem com Deus, é fácil ver porque as pessoas cometem atrocidades em nome da fé. E, também, é fácil ver por que os religiosos defendem aqueles que cometem atrocidades, mesmo quando não em nome do seu Deus de preferência.

Novamente, eu não tenho nada contra a religião e considero que foi benéfica na minha vida. Mas é inegável que nas sociedades ocidentais as pessoas vêm deixando a religiosidade porque ela é atualmente inútil, porque não serve para explicar o mundo e o que as pessoas passam. Apesar desse processo já ser antigo, hoje ele vem se acentuando. E a razão, que eu espero ter explicado acima, é a irrelevância das crenças e, consequentemente, da pregação das religiões. As pessoas que afirmam que é apenas a prática (práxis) que afasta as pessoas da igreja (não é Cristo, mas o Cristianismo que cria a aversão às igrejas) têm o ônus da prova.

Com tudo isso que escrevi, você pode querer me perguntar por que raios foi que eu então a criei na igreja. Minha resposta remonta ao primeiro parágrafo desta carta. Minha experiência na igreja foi muito boa e eu não quero lhe privar disso. Dentre as melhores pessoas que eu conheci (aí, incluem-se seus avós, meus pais), a maioria o eram por causa de suas crenças. Pessoas incríveis, generosas e bondosas o são mesmo crendo em um Deus que pune qualquer desvio. Sei que isso é anedótico e que eu não estou (propositalmente) levando em consideração os dados sobre outras pessoas que cometem crueldades em nome da religião. Mas assim, minha filha, é como as pessoas vivem a vida. Navegando sozinhas, esperando que com elas o que é provável não aconteça, ou seja, acreditando em milagres.

Um beijo,

do seu pai que a ama muito.

Capítulo III

A HISTÓRIA

Stephanie Zuma Lacerda

Espiritualidade é uma construção. Mesmo que você ache que nasceu contigo. É uma construção da sua vida, suas experiências, o que você ouve, come, vive, o que você escolhe ser ou o que você vai sendo por preguiça de ser ou desconhecimento de que dá para escolher. Toda espiritualidade é uma história, um caminho... E o meu caminho começa no seminário.

Eu era seminarista da igreja, estava no terceiro ano, líder de adolescentes, ministrava louvor, pregava à beça, era a professora de Escola Bíblica Dominical dos adolescentes e também queria ser pastora. Isso tudo numa igreja tradicional Batista e de quase cem anos no interior do interior do interior.

Eu sou uma puta esponja. Sou mesmo. E também tenho, desde muito tempo, uma admiração extrema por professores. No seminário eu basicamente estava lá não para me construir como uma pastora, mas para me desconstruir toda. Eu tinha dezessete anos quando entrei. Na Páscoa de 2011, eu tinha 19 anos.

Foi quando um professor por quem eu era completamente encantada e que mexia com todos os meus paradigmas e certezas, que me levava ao limite e me fazia aprender mais do que nunca na vida, chamou-me para acompanhar um evento que tinha na igreja em que funcionava o seminário. Um evento completamente novo sobre a Páscoa, e foi incrível: era arte, história e impacto... Lembro-me de que na última sala das Estações da Cruz havia uma exposição de fotos de travestis que eram prostitutas retratando suas histórias e experiências, e quem elas eram... Aquilo mexeu absolutamente com minhas estruturas. Mas não tanto quanto o que viria a seguir.

Meu professor me perguntou se eu confiava nele e, obviamente, eu disse que sim, porque os últimos anos tinham me provado o quanto eu podia. Então tomei a decisão que, provavelmente, foi o ponto que começaria a mudar completamente o rumo da minha história. Ele me levou a um pequeno bar/pub da Praia dos Cavaleiros, um como todos os outros que há na orla, em que tinha algumas lembranças de ter passado por ali com meu pai algumas vezes, mas muitos anos antes, quando ele ia falar ou marcar algumas coisas com um amigo dele, que era dono do bar. Um pequeno detalhe: recentemente, o lugar havia se tornado um bar de prostitutas.

Não foi a primeira vez que bebi na vida. Bebia vinho desde os 10 anos, nos natais uma taça, ou "suco de vinho" ainda pequena. Também não foi meu primeiro drinque, porque eu tinha experimentado várias bebidas destiladas em dias chatos, ou com a minha irmã, que apesar de mais nova que eu me ajudava a vencer algumas barreiras, ou até uma garrafa inteira em filmes, no sofá de casa, com um namorado depois do seminário. Mas naquela noite bebi uma bebida que desde aproximadamente a 8ª série, e desde um dos livros de Veríssimo que li, eu tinha vontade: Cuba Libre, rum e Coca-Cola.

Ele disse que queria que eu soubesse o que o bar era e me explicou que nunca havia sido a intenção do dono, mas que como aquele era o único bar que tocava rock e, às vezes, tinha alguma coisa legal rolando, iam muitos gringos que trabalham nas empresas de petróleo. E onde tinha muito gringo foram aparecendo as meninas que trabalham com sexo. Ele queria que eu as conhecesse, entendesse suas histórias e vivesse o Evangelho por uma nova perspectiva, sem julgamentos ou manias; queria me desafiar a apenas ouvi-las. Simplesmente, ser amiga delas, estar ali e também, é claro, sair da minha bolha.

E assim foram todas as noites após as suas aulas. E, realmente, fui as conhecendo. Sem nenhuma intenção "evangelística", mas completamente a fim de mostrá-las a Jesus e mostrar Jesus a elas. Eu bebia, ria, brincava, era zoada por ser virgem, era desafiada a conhecer minha própria sexualidade. Estava num oásis. Sem julgamentos, sem preocupações, meu mundo inteiro de responsabilidades, emprego, trabalhos, família maluca, contas, seminário e agenda da igreja ficavam do lado de fora. Eu podia ser eu, toda eu, a eu espiritualista, a eu ouvinte, a eu bêbada (que aprendi a amar e gostar), a eu que amava conversar sobre sexo, a eu inteira, integral.

Nesse mesmo ano comecei a estudar e ler sobre a missão integral, sobre a teologia da libertação. Havia uma aula específica sobre o assunto no seminário e o professor de filosofia também abordou o tema. Houve um evento sobre o assunto em que vários professores e pastores do país vieram falar com a gente. Mas um dia específico foi o que acredito ter sido o ponto final para minha vida mudar completamente e todos os meus paradigmas serem quebrados. Um palestrante não fez bem uma palestra. Ele contou, na prática, o que significava missão integral. E, naquele dia, vi cair por terra tudo que eu achava ser Missão, Deus, Evangelho, Igreja, Jesus. Nada jamais seria igual depois daquela noite.

Veja bem: foi uma escolha, numa hora. Não que alguns livros, algumas falas ou conversas não fossem cruciais, mas tem aquele momento, sabe?! Que você sente que se tivesse dito não ao invés de sim, que se tivesse ido para casa pelo cansaço ao invés de ir, que se... que se você tivesse feito diferente, tudo teria sido diferente, sabe?! Foi isso.

Eu escolhi estar lá naquela noite. Naquela época eu trabalhava oito horas por dia, seis dias por semana, num lugar que eu detestava, fazendo algo que não me acrescentava em nada, por algo em torno de setecentos Reais, mas eu escolhi estar ali depois de sair correndo para chegar a tempo no seminário, que era uns quinze minutos a pé do trabalho...

Aquele cara que estava falando por uns quarenta minutos sobre experiências de igrejas e pessoas que realmente impactaram os outros, o mundo, sua comunidade que seja, esse cara pediu para abrir num texto da Bíblia. Ele disse que era um texto desafiador e que minha vida deveria ser impactada por ele. Só naquele ano eu devo ter lido o Novo Testamento umas duas vezes, mas naquele dia um versículo mudaria tudo.

"Assim como o Pai me enviou, eu os envio" – João 20:21.

Aquilo significava uma responsabilidade e uma coisa libertadora: toda minha missão se resume a ser como Cristo.

Antes mesmo de ele terminar a palestra, eu fui para o banheiro do seminário e chorei. Chorei como nunca havia chorado na vida. Eu solucei, engasguei, lavava o rosto, mas não parava de jorrar. Um gigante alicerce de tudo que eu era, de tudo que minha vida significava, de tudo que eu acreditara até então, terminara de cair. O último e maior alicerce do que significava ser pastora, ser a Stephanie, ser Igreja, ser cristã.

O dia em que fui para o bar das putas foi como o dia em que a lagarta começa a se encasular, envolver-se, o dia em que ela não é mais a lagarta, que tudo de ser lagarta fica pra trás. A noite em que ouvi João 20:21 daquele jeito foi o início da quebra do casulo. Foram uns três dias.

Vomitei, fiquei de cama. Faltei ao trabalho. Não fui nem ao seminário. Não vi ninguém e mal saí da cama. O meu namorado da época foi me visitar e eu só disse uma coisa: "Meu corpo tá sentindo o que tá rolando na minha alma agora. Me deixa aqui".

No final dos três dias, pus uma música na cabeça e disse para mim mesma que eu era incapaz de viver aquilo, de ser aquilo, de experimentar esse tipo de liberdade sobre minha própria vida e, ao mesmo tempo, tamanha responsabilidade sobre meu próprio destino e missão de vida. 'Distrair-me de tudo' – era só o que eu pensava.

Ainda que a intenção fosse essa, acho que o subconsciente foi mais forte. Eu acabei vivendo isso. Mesmo sem reparar, passei a viver um pouco dessa liberdade, passei a enxergar a missão não como a programação da igreja, as feiras de missões, as pregações, as ações de entrega de folhetos, a agenda a cumprir dentro da instituição, mas como minha própria vida, aquilo que eu fazia como trabalho, a minha interação com as pessoas, a maneira que eu lidava com minha família, comigo mesma, e passei a enxergar cada vez mais dos dias no bar como algo importante para mim individualmente e como parte da minha missão como cristã, só que mais do que isso: minha missão como gente.

Muitas coisas se destacam desse período, moldaram-me e foram me encaminhando para viver a espiritualidade que eu vivo hoje, e ver a Deus como vejo hoje, mas dentre todas, eu vou contar apenas duas.

Um dia, estava bebendo na mesa, com mais umas duas meninas do bar, uma delas eu conhecia havia poucas semanas. Então ela me chamou para perto e tivemos o seguinte diálogo:

— Steph, você sabe o que rola aqui?

— Sim, eu sei.

— Não, eu tô perguntando se você sabe o que eu sou e o que esse bar aqui meio que é...

— Eu sei, ué...

— Mas você é crente, não é?

— Aham, por quê?

— É que... Se você é crente e sabe o que rola aqui, sabe que eu sou puta... Por que você me trata tão bem?

Juro que não me lembro de qual foi minha reação. Se fiquei quieta, se ri, se a abracei, se disse que a pergunta não fazia sentido, se chorei na frente dela. Mas sei que depois chorei muito, muitas vezes e sempre que me lembro da pergunta.

Na minha cabeça não fazia sentido ser paradoxal eu ser uma seguidora de Jesus e ser surpreendente eu tratar bem uma prostituta. Por isso chorei. Porque, apesar de, não fazer sentido para mim, essa era a realidade que eu tinha vivido até então, uma realidade em que ser seguidora de Jesus, ser uma cristã, era completamente o oposto de eu estar num bar amando, ouvindo e sendo amiga de prostitutas, simplesmente as tratando como gente, como alvos de amor e carinho.

Outra vez, nesse mesmo período, eu fui a uma festa de aniversário de uma menina que eu não conhecia muito bem, com uns amigos. Essa menina, de alguma forma, soube que eu era seminarista, e eu já estava bem bêbada quando ela veio me chamar num canto e pedir uma coisa estranha para mim. Ela pediu para que eu orasse com ela e pedisse que Deus parasse de odiá-la e voltasse a amá-la, porque ela não conseguia mudar, mas precisava que Deus voltasse a amá-la...

Acontece que a menina, a aniversariante, era uma menina lésbica de dezoito anos, cujos pais eram presbiterianos e sempre que ela ia se encontrar com sua namorada, a qual ela amava muito, diziam que Deus a odiava por ela amar pessoas do mesmo gênero. Então aquela menina me abraçou e chorou, dizendo que já que Deus não a ouvia mais por ser lésbica, talvez ainda me ouvisse, pois eu era seminarista e seria pastora.

Estávamos ambas absolutamente bêbadas. No entanto tive um momento de tão absoluta lucidez que me doeu o cérebro. Eu não podia acreditar num Deus que odiava alguém, muito menos essa menina, que desejava tão ardentemente uma relação com ele, mesmo que isso implicasse em ela ter que deixar de ser quem ela era... Naquele momento, Deus mudou pra mim, deixou de ser um ditador de regras e passou a ser amor incondicional. Ele não poderia odiar alguém que apenas amava. Não poderia odiar alguém por amar.

Eu orei com ela. Mas não do jeito que ela imaginava. Eu pedi a Deus que jamais, de novo, ela sentisse culpa por amar. E que ela não acreditasse nunca mais no Deus de seus pais, que a odiava, mas acreditasse num Deus que a fez assim, amando garotas. Amando. E disse a ela que esse Deus a amava, independentemente do que diziam para ela, e pedi que nunca mais ela achasse que Deus era capaz de odiar, mas que ela se sentisse segura, pois enquanto ela sentisse amor, isso era tudo que Deus sentiria por ela.

Não demorou muito até eu descobrir que amar prostitutas e gays não era algo tão cristão quanto eu imaginava na minha leitura do Evangelho, pois isso me trouxe consequências duras.

Minha teologia mudou e, para mim, aquilo que se estuda, que se lê, que se vive, não se desvencilha da realidade, da vida, do dia a dia. Eu contava essas histórias e muitas outras para quem estivesse perto de mim.

Meus sermões não eram mais técnicos ou simplesmente emocionais. Minhas aulas não eram só de conhecimento teológico. Eram desafiadoras. Faziam chorar. Faziam reavaliar. Faziam as pessoas virem e me dizerem que elas nunca tinham ouvido sobre Jesus daquela maneira antes. Eu me tornei mais eu que nunca e, à medida que eu era mais autêntica, mais passional, mais desafiadora, mais visceral, à medida que minha leitura da Bíblia se tornava mais prática, mais livre, à medida que na minha vida pessoal eu me tornava mais livre, quanto mais minha vida se tornava menos dividida entre a dicotomia "vida de igreja e vida do mundo", mais eu me tornava um perigo.

Eu não queria mais que a minha vida do bar fosse apenas uma história que eu contava aos adolescentes ou apenas inspiração para os meus sermões serem melhores. Eu não queria que minha vida da igreja, que as programações, os momentos de música e louvor, que os estudos da Bíblia fossem apenas uma espiritualização para me deixar pronta para lidar com o bar e com as meninas que faziam a vida por lá. Eu queria que tudo fosse um. Só que quanto mais tudo se tornava um, mais eu sentia que havia algo de errado acontecendo. E havia.

No último ano do seminário, já havia discussões e arranjos para me expulsar da igreja. Para me filmar e me "pegar no flagra" no bar das meninas, com elas. Meus melhores amigos, meus líderes, as pessoas que me acompanharam desde a infância, que estavam comigo e eram meus melhores amigos, preparavam-se para me dar um golpe.

Nesse mesmo ano, juntamente a dois professores do seminário, eu lançava meu primeiro livro, no qual contava minhas histórias, crônicas, poesias, sermões, com todo aquele amor e paixão que exalavam de mim por conta das descobertas e vivências que eu havia tido. Talvez essa tenha sido a gota d'água.

Não tenho mais a intenção de culpar, de nomear, de julgar ou até mesmo de tentar entender as pessoas que fizeram isso, apenas posso descrever como me senti: completamente traída.

Fui julgada e condenada porque, aos olhos daqueles que vi e ouvi quase todos os pecados e a quem acolhi, eu pequei. E meu pecado foi claro: dividi refeições e momentos de alegria e amizade com prostitutas. Bebi vinho. Fiz discursos e sermões falando que o amor está acima de regras e dogmas. Fiz amigos onde só viam pecadores. Responsabilizei a igreja pela mudança que se deve fazer no mundo. Falei que sua missão ia além de discursos e esmolas. Disse que isso tudo era o que eu enxergava em Jesus, nos Evangelhos.

Eu não tenho mais um pingo de vontade de contar detalhadamente essa história, mas, para os que me leem, basta saber como eu me senti: incrivelmente perdida. Eu não conseguia mais pisar na minha igreja, à qual dediquei minha vida, sem lembrar que as pessoas que mais amei, que cada vez mais me esforcei para julgar menos e amar mais, fizeram exatamente o oposto comigo.

Saí. Abandonei a minha igreja amada, os ministérios, os sonhos, os planos, e fui me esconder em outra igreja e outro pastor, que sabiam pelo que eu estava passando.

Senti ódio. Dor. Sofri como nunca, minha igreja era mais que uma família para mim. Aquelas pessoas eram tudo na minha vida. E fui jogada no lixo, chamada de drogada, de amiga de prostitutas, de bêbada, de puta, de maluca, de "perigo para juventude." Entrei em depressão. Foram os últimos meses do seminário, a monografia, a formatura, as mensalidades atrasadas, tudo completamente sozinha. Foi horrível. Não consigo ver aqueles rostos, ouvir aquelas vozes ou reviver os momentos na minha memória sem sentir muita dor, mesmo depois de toda terapia e caminho percorrido até aqui. Vão-se quatro anos ou mais, e as cicatrizes ainda não são apenas marcas e histórias.

Que Deus era esse? Que igreja era essa? Que evangelho era esse? Só eu enxergava? Quando alguém faz e pensa diferente, merece sofrer? Merece a exclusão, a rejeição e a solidão?

Passou-me pela cabeça a hipocrisia, o absurdo que era as pessoas, e logo essas pessoas, julgarem-me, e me julgarem pelo quê? Do que elas seriam capazes de me julgar, se tudo aquilo que lhes parecia os piores pecados, elas os cometiam em segredo ou, às vezes, simplesmente faziam e fingiam que não, como fingem até hoje? Acho que meu erro foi dizer que nada daquilo era mau, que o mau era o abandono ao outro. Parece-me que a culpa era um fardo pesado, porém mais fácil do que simplesmente enxergar o evangelho como servir ao outro, não simplesmente cumprir (ou fingir que cumpre) meia dúzia de regras e viver para si mesmo...

Eu sei que foi um grande período de luto, de cura, de me reencontrar, porque quem era eu então, sem nada? Sem nenhuma obrigação com a igreja ou com as pessoas ou comigo mesma? Foi como se aquele momento que tentara evitar, quando descobri a libertação da missão, viesse-me como uma cachoeira caindo em cima da minha cabeça, inevitavelmente.

E assim começa meu caminho real rumo ao que é Deus, ao que significa ser Igreja, ao que significa existir nessa porra de mundo fodido e cheio de merda. Hoje eu consigo olhar para tudo isso e ver como um parto, um parto difícil e doloroso, para construir minha espiritualidade e minha existência no tempo.

Honestamente, não me interessa e nem é mais relevante para mim quem Deus é. Se ele existe. Se a Bíblia é inerrante, inspirada, se contém, ou é, ou se transforma na Palavra de Deus. Não interessa o que é o conceito de pecado, se somos predestinados ou escolhemos a Deus por vontade própria. Não faz porra de diferença nenhuma se palavrão dói nos ouvidos de Deus ou apenas nos ouvidos dos puritanos que passam boa parte da vida fazendo masturbação espiritual e julgando os outros.

O que eu sei é que eu estou aqui e você também está. E toda essa dor que experimentei e que provavelmente você também experimentou, dentro da igreja ou fora dela, na família ou na saúde, elas existem e temos que aprender a lidar com elas. Há fome. Guerra. Dor. Mal. Acho que culpar a Deus ou à religião é apenas mais uma forma de fuga. Fuga da enorme responsabilidade que nós temos, sim, eu e você.

Eu não consigo mais orar. Não da forma tradicional, falando com um Deus. E talvez nunca mais caiba dentro de uma igreja, ou talvez no próximo domingo entre em uma na qual passarei o resto da minha vida. Eu não consigo mais sentir empatia e nem ter peninha didática dos cristãos tão mergulhados em suas próprias vidas que acham que qualquer coisa de fora é ameaça. Eu não sou mais passiva agressiva e muito menos tenho paciência para viver uma vida dupla na esperança de que as pessoas um dia tenham maturidade para lidar com o fato de eu ser desbocada, feminista, de esquerda e curtir uma manguaça. Isso não faz de mim menos espiritual ou menor que qualquer pastorzinho por aí.

O que eu sei é que você e eu, sendo ateu, cristão, muçulmano, agnóstico, umbandista, nada no mundo ou "tudo que faz bem", deveríamos ter uma coisa em mente: a gente existe. Estamos num mundo, num mundo ruim e lindo, fodido e cheio de potencial, e que é um desperdício de existência a gente viver só para si.

Essa é minha espiritualidade hoje. Eu me recuso a viver, trabalhar, estudar, procriar, pagar impostos, consumir, transar, comer, beber, adorar, pensar, envelhecer e morrer apenas vivendo para mim mesma. Ser egoísta, hedonista e niilista pode ser sua decisão de vida, mas ela é realmente consciente? Ou você tem se escondido atrás de uma religiosidade/ideologia ou não religiosidade/não ideologia vazias para preencher sua necessidade de alguém além de si, simplesmente para se distrair?

Depois daqueles três dias adoecida por, finalmente, enxergar-me, eu decidi permanecer alienada, fui tirada à força e com dor de dentro da matrix.

Eu quero ter prazer, eu quero fazer o que eu gosto, o que eu quero, o que me faz feliz. Não estou dizendo para você viver sua vida se obrigando a fazer coisas que detesta, só estou dizendo que, para eu existir, não faz sentido algum se for apenas pra andar em círculos, como um bicho que vive para satisfazer apenas suas necessidades e depois morrer.

Eu me desafio a tocar as pessoas. A ter uma utopia. A sonhar. A não viver para mim mesma. Eu acredito em Deus, apesar de achar que isso não faz a menor diferença. Eu acredito na religião, apesar de achar que, sociologicamente, ela pode ser uma arma cruel nas mãos de pessoas más. Eu acredito que as pessoas podem mudar, apesar de ver gente que só muda no que é confortável e que faz bem a si mesmo. Eu acredito. Minha fé, hoje, é que a gente pode deixar de ser só uma poeira cósmica inútil, fugaz e minúscula, para ser aquele minúsculo átomo primordial que se tornou denso e explodiu no Big Bang. Eu tenho fé em você e em cada pessoa que decide fazer do mundo um lugar melhor. Eu acredito que isso pode ser o que Jesus tentou fazer. O que cada pessoa revolucionária e humanitária da história fez. E que essas pessoas não seriam pontos isolados na história se mais gente tivesse tanta fé.

Eu não sei por que existo, por que estou aqui, por que senti dor, por que ainda sinto, por que há fome, ou mesmo, ainda, se Deus existe e não liga, ou se existe e me deu a responsabilidade de fazer alguma coisa sobre, ou se simplesmente não há Deus. Eu só sei da brevidade da minha vida, essa enorme e avassaladora sensação de pertencimento ao mundo à minha volta. Só sei o que sinto. E o que eu sinto é que tudo à minha volta é sagrado demais para ser profanado vivendo egoistamente, que algo precisa ser feito sobre todo esse caos e que ignorá-lo ou me contentar que o mundo é assim não é suficiente. E se não for para você essa vida dentro da sinagoga, do culto de domingo, do terreiro, do alto do seu teclado de militância on-line, da sua vidinha simples ou da sua ostentação de bens, você vai sentir algo que eu sinto agora: que eu não me basto. Que essa vida não me basta. Que tem mais. E a sua decisão vai gerar de uma forma, expandir-se, a ponto de explodir e criar uma revolução de gente, gente que acha que viver remoendo experiências e contando o tempo para morte é pouco demais.

Minha espiritualidade é querer mais: mais do que já fui, mais do que sou. É não viver nunca mais só para mim. E o resto é flexível. E totalmente livre.

Capítulo IV

A JORNADA

Obadias de Deus

Eduardo Vida nasceu em um lar cristão evangélico. Seus pais, convertidos do Catolicismo ao Protestantismo, conheceram-se e se casaram dentro do contexto evangélico. Tiveram vários filhos. Como todo crente – designação genérica atribuída aos cristãos evangélicos da Terra de Santa Cruz – cioso do compromisso com Deus e com o futuro dos filhos, os pais de Dudu se empenharam de forma muito aplicada na formação religiosa – como eles preferiam dizer, espiritual – das crianças, já que a Bíblia, o livro sagrado do Cristianismo, recomenda instruir o filho no caminho em que deve andar – no caso, o Cristianismo infere os cristãos – "para que, mesmo na velhice, não se desvie dele" (Provérbios 22:6).

Dudu, como não poderia ser diferente, seguiu a tradição familiar: cresceu dentro das instruções evangélicas e viveu todas as fases importantes que alguém nascido nesse contexto vive. Sua mãe lia histórias bíblicas para ele dormir, cantava canções de fé para acalmá-lo, era frequentador assíduo da Escola Bíblica Dominical (EBD) durante a infância – querendo ou não, já que o pai o obrigava –, na pré-adolescência foi pressionado pela comunidade a "levantar a mão e aceitar a Jesus como seu salvador". Afinal, filho de peixe não é peixinho, e Deus não tem netos. De forma muito envergonhada, um dia Dudu se levantou, ao final de um culto, foi até o púlpito e se ajoelhou, como uma demonstração pública de que aceitava a Jesus como seu salvador pessoal. Para a felicidade incontida de seus pais, alguns anos depois – como não poderia ser diferente – foi batizado.

Ele também foi alvo de expectativas dos pais e da comunidade evangélica para descobrir qual realmente era sua vocação em relação ao "ministério cristão". Dudu não era apenas evangélico, mas pentecostal, e, como tal, precisava do "revestimento de poder" para atuar com mais ousadia na "obra de Deus". Para isso, era necessário ser batizado com o Espírito Santo. A evidência disso seria falar em outras línguas, um fenômeno que Dudu não entendia direito, não concebia como era possível e, por isso mesmo, foi um dos que teve mais dificuldades para conseguir o "batismo". No entanto, depois de muito tentar e seguir as instruções que lhe eram passadas pelos já iniciados, conseguiu o grande trunfo e se tornou, também, um crente com o "selo do Espírito Santo".

Aliás, essa dificuldade de entender o fenômeno do falar em línguas não era a única dificuldade de Dudu. Ele tinha, na verdade, muitas dificuldades. O problema é que Dudu tinha o estranho hábito de querer entender o porquê de tudo o que ele via. Era muito curioso. Não gostava apenas das aparências. Enquanto seus irmãos de fé se entregavam às suas viagens espirituais, Dudu tentava, mas sempre ficava com "um olho no peixe e outro no gato". Afinal, ele não queria ser raptado para um lugar de onde não pudesse voltar mais.

Não que ele fosse adepto às teorias conspiratórias. A questão é que Dudu duvidava de tudo devido ao traço de sua personalidade, de querer saber o que estava por trás das aparências. Desde garoto ele tinha esse sinistro hábito de observar tudo para tentar tirar suas próprias conclusões, de preferência que não fossem as mais óbvias. A sua prática de fé era um ambiente fértil de material para esse tipo de exercício, porque lá aconteciam muitos eventos extraordinários e miraculosos. Eram curas, livramentos – situações de perigo em que o fiel era salvo pela intervenção divina, sem falar nas experiências carismáticas que eram as reuniões evangélicas e os cultos.

As pessoas eram muito emotivas e choravam bastante. Os batizados com o Espírito Santo falavam muito em línguas, os pregadores sempre tinham palavras que Deus lhes dava na hora e diziam exatamente o que as pessoas precisavam ouvir. Era impressionante como Deus usava aqueles pregadores para falar justamente sobre os problemas que afligiam a audiência: bastava ver a quantidade de pessoas que iam lá para frente, no templo, para receber uma oração, inclusive porque as pregações tocavam precisamente nos problemas delas. Só podia ser Deus falando.

Dudu não duvidava de que Deus estivesse falando com as pessoas. Inicialmente, ele duvidava era de sua própria fé. Achava que Deus nunca falaria com ele. Naquelas pregações, embora acreditasse que as pessoas estavam ouvindo a voz de Deus, ele raramente se sentia tocado com as mensagens. A partir disso, sua conclusão mais óbvia era: Deus não fala comigo. Mas Dudu não se satisfazia com isso e procurava outra explicação que considerasse mais razoável. A solução não era tão complicada: Dudu não tinha fé. Era isso! "Sem fé é impossível agradar a Deus" (Hebreus 11:6). Como Dudu queria que Deus falasse com ele se ele não se entregava no momento das pregações, como as outras pessoas? Como Deus poderia lhe falar, se ele ficava analisando friamente o discurso e tentando descobrir algum engodo, isso quando prestava de fato atenção? É claro que em uma atitude tão inadequada como aquela, Deus não falaria com ele. Poderia até falar, porque, a exemplo de Saulo, Dudu poderia também ser derrubado do seu cavalo, mas isso ainda não acontecera.

Com uma fé tão pequena, em certo momento Dudu passou a reconhecer que nem certeza da salvação ele tinha. Obviamente, quando os pregadores pediam para que as pessoas que tivessem certeza da sua salvação levantassem a mão, para não ser desmascarado ele também levantava a sua. Mas, no íntimo, Dudu sabia que estava mentindo.

Precisava resolver isso! Mas do jeito certo. Dudu sabia que o verdadeiro cristão deveria ser "bereano". Os cristãos de Bereia, citados rapidamente, mas de forma muito expressiva no livro bíblico de Atos (Atos 17:10-12), tornaram-se notáveis justamente por não aceitarem o que ouviam de forma acrítica. No entanto, submetiam-se criticamente ao que ouviam do livro sagrado. Dudu entendia que deveria conciliar sua vontade de conhecer a essência das suas experiências por meio do conhecimento racional, da investigação, da análise, assim como fizeram os bereanos. Dudu não se sentia à vontade para simplesmente "desligar" seu senso crítico em favor de uma experiência mais profunda com Deus. Achava bonito esse tipo de experiência que presenciava nas pessoas. Dudu até tinha vontade de passar por isso de alguma forma, mas pensava que, se Deus havia lhe dado o senso crítico e isso era algo que ele considerava muito positivo, era preciso experimentar "de verdade" a experiência vista nos demais sem que fosse necessário abrir mão do seu senso crítico. Então Dudu começou sua jornada.

O ponto de partida de Dudu foi: tudo o que acontece com as demais pessoas é real porque elas assim o afirmam. Não tinha como negar isso porque ele não estava dentro das pessoas para saber. Se uma pessoa dizia passar por determinada experiência, como poderia Dudu refutar? Só porque ele ainda não tinha passado por aquela situação? Isso não fazia sentido. Aliás, Dudu até ajudava as outras pessoas a passarem pela mesma experiência e ficava feliz quando percebia que elas tinham chegado a um nível de "interação com a divindade" que ele não conseguia, justamente por essa mania de querer abstrair tudo antes de embarcar.

Como Dudu não podia questionar a experiência alheia, começou a questionar a sua própria: por que Deus quase nunca falava com ele? Por que os pregadores diziam que Deus falava com eles antes do sermão? Por que as pessoas diziam que Deus estava sempre a falar e interagir com elas nos mínimos detalhes, mas ele não sentia o mesmo? Será que Deus também não estava lhe falando e ele, em sua falta de fé, era incapaz de ouvir a voz de Deus? Dudu, então, começou a perceber, aos poucos, que as situações em que Deus falava com as demais pessoas eram situações vividas também por ele. A diferença é que Deus interagia com as pessoas, mas não interagia com ele. Opa! Como assim?

Dudu percebeu que, quando ele orava, sempre dizia o seguinte: "Senhor, se for da Tua vontade, que dê tudo certo, que isso, que aquilo; do contrário, estou seguro que não é da Tua vontade" Ou: "Se eu sentir uma paz no meu coração é da vontade de Deus" Ou, ainda, orava por algo insistentemente: se seu desejo se realizava – como raramente acontecia –, Deus tinha ouvido sua oração. Caso contrário, ele não queria que seu desejo se realizasse. Nas vezes em que Dudu não era atendido, havia duas explicações: não era a vontade de Deus ou Dudu havia pedido com uma motivação incorreta (Tiago 4:3).

Em resumo, depois de tanto observar, Dudu ficou com a impressão de que sua interpretação do resultado de suas orações sempre seria "se deu certo é porque Deus respondeu positivamente, se deu errado é porque Deus respondeu negativamente". Isso, para Dudu, não queria dizer absolutamente nada. Estranho. Talvez ele tivesse chegado a essa conclusão por não ter "olhos espirituais", por nunca ter tido uma experiência real com Deus, por nunca ter "nascido de novo", como já lhe haviam dito: "Dudu, suas dúvidas são a prova de que você não nasceu de novo. Se tivesse nascido, você teria aquela certeza íntima no coração, dada pelo Espírito Santo somente às pessoas que passaram pelo novo nascimento". Sua própria experiência não lhe foi muito útil para chegar a conclusões consistentes.

Nesse caso, sobrava a experiência alheia. Ele começou a observar os outros e percebeu que com as demais pessoas não era muito diferente. Aliás, era até pior que com ele. Percebeu que as pessoas tinham a péssima mania de atribuir a responsabilidade dos seus atos a Deus ou ao Diabo. Se faziam algo que julgavam correto ou algo de bom lhes acontecia, agradeciam a Deus pela bênção recebida. Se faziam algo que julgavam incorreto ou algo indesejado ocorria, culpavam o Diabo. Aos poucos, Dudu foi enxergando que as pessoas geralmente atribuíam a Deus e ao Diabo os sucessos ou fracassos de suas vidas. Dudu tinha uma atitude diferente: agradecia o dom da vida a Deus, da sua existência e do incrível universo à sua volta, acreditava que isso já era milagre suficiente – não precisava de supostos milagres pontuais para acreditar no poder de Deus – e que os seus atos, sucessos ou fracassos eram resultados de suas escolhas e das contingências da vida. Afinal, o sol brilha sobre bons e maus, já dissera Jesus Cristo (Mateus 5:45-46).

Sendo assim, Dudu vislumbrou a possibilidade de que não havia nada de errado com ele por não compartilhar das mesmas "sensações" que os outros crentes. Ele foi mais além: era muito provável que Deus não falasse com as pessoas como elas diziam, era muito mais provável que as pessoas confundissem seus próprios pensamentos com os de Deus. Com isso, quanto mais alto o status de uma pessoa dentro da comunidade religiosa, mais piamente acreditava que Deus falava diretamente com ela. De repente, uma frase começou a lhe fazer muito sentido: "Se você fala muito com Deus, você é um bom cristão, mas se Deus fala muito com você, você é simplesmente maluco".

Dudu desistiu de resolver sua relação com Deus a partir das sensações. Ele nunca acreditou muito nessas sensações, sempre apostou na possibilidade de que seus sentidos o confundissem. A observação de como os outros cristãos se relacionavam com o divino também não lhe rendeu muitos frutos. Para Dudu fazia mais sentido buscar Deus por meio do seu intelecto e, a partir daí, essa experiência poderia contagiar suas emoções. Sua tradição pentecostal propunha exatamente o contrário, mas ele sabia, pelo tanto de teologia que já tinha lido, que não deveria ser assim.

Aliás, Dudu gostava muito de ler. Lia em grande profusão e de tudo. Talvez tenha sido a leitura que estimulou sua mania de questionar tudo. Que bom seria se seus irmãos de fé lessem mais, expandissem suas possibilidades de reflexão e questionamento! E foi na leitura de muitos livros de pessoas que já haviam feito questionamentos parecidos aos deles que Dudu começou a observar coisas interessantes.

Consideremos os líderes religiosos, que atribuem a si mesmos o fato de serem porta-voz da divindade. Obviamente que Dudu não caía mais nessa conversa, não acreditava que Deus falasse exclusivamente com algumas pessoas e outras não; também cria que as falas atribuídas a Deus poderiam ser os sentimentos dos pretensos porta-vozes. Portanto se Dudu quisesse ouvir a voz de Deus, ao invés de recorrer aos supostos porta-vozes, ele deveria ir ao livro sagrado do Cristianismo, a Bíblia. Lá ele encontraria, sem dúvida, a voz de Deus. É fato que muita gente questiona a Bíblia e que muitas estão preocupadas em apontar suas contradições, mas Dudu sabia que não era assim, já que a Bíblia foi escrita por homens "inspirados" por Deus. Ela mesma o diz, conforme lhe fora ensinado (II Timóteo 3:16). Ainda assim, algo o inquietava: a "inspiração". Se a Bíblia era inspirada por Deus, significava que Deus havia inspirado, soprado, influenciado, sabe-se lá o que, as pessoas que escreveram o livro sagrado. Dudu imaginou como seria isso e não lhe ocorreu outra imagem que a de homens "ouvindo" o que Deus queria lhes dizer e escrevendo as páginas do livro sagrado. Ele ficou com uma sensação de "déjà vu": não era exatamente isso que ele tinha observado e repudiado nos seus irmãos de fé? Será que, no passado, não acontecia o mesmo fenômeno do hoje, ou seja, as pessoas atribuindo à divindade suas próprias ideias e pensamentos?

A maioria dos crentes condenaria tal possibilidade tão herética, mas ele não conseguia pensar de outra maneira. Alie-se ao fato de que, como todos sabem devido à História, no passado as pessoas eram muito mais místicas, supersticiosas e crédulas que hoje. Isso se devia ao fato de que a humanidade tinha menos conhecimento do funcionamento do Universo e de que o ser humano tende a atribuir às divindades o que ele não consegue explicar. Se hoje, com todo conhecimento científico que temos disponível, as pessoas ainda são tão supersticiosas, o que dizer de três mil anos atrás, por exemplo? Se foi constatado que o pensamento mágico era muito mais frequente no passado, para Dudu fazia todo sentido concluir que os escritos bíblicos foram feitos a partir da ideia mágica de que se estava ouvindo a voz de Deus. Muito provavelmente, as pessoas que escreveram a Bíblia eram iguais aos contemporâneos de Dudu, com o agravante de viverem em uma época muito mais supersticiosa, de pensamento mágico.

Ele resolveu entender um pouco mais sobre a história da Bíblia. Leu livros que falavam sobre o assunto, aproveitando que existe muita pesquisa a respeito, e descobrindo que a Bíblia, tal como ele conhecia, é um livro formado a partir da compilação de outros livros, e que vários outros livros não entraram nessa compilação. Investigando um pouco mais, ele descobriu que a inclusão de determinados livros foi decidida pela utilização de diversos critérios, mas que sempre houve a égide da "autoridade": um grupo de pessoas tinha autoridade para decidir o que entraria ou não e todas essas decisões, algo que incomodava Dudu, justificavam-se na "inspiração" – ou qualquer outro termo empregado – divina. Em resumo, homens sábios, "inspirados por Deus", decidiram que deveria ser assim, e pronto. A título de exemplo, o primeiro registro histórico de quais livros compunham o Novo Testamento é do ano 367 depois de Cristo, ou seja, após uma série de eventos históricos considerados bem "humanos", na opinião de Dudu, ligados à constituição do cânon.

Dudu percebeu algo recorrente: sempre havia, em toda a história do Cristianismo, a questão da "autoridade" de alguém que falava com Deus, mesmo os escritores da Bíblia. Quem garantia que eles falavam de fato com Deus? Eles mesmos ou as pessoas que lhes davam crédito: "Fulano é, de fato, uma pessoa extraordinária, religiosamente falando. Logo, Deus fala com ele". Mas a verdade é que, aparentemente, Deus nunca aparecera a ninguém, mesmo considerando as "teofanias". As supostas aparições divinas sempre foram relatos cridos por quem ouviu, justamente por conta da "autoridade" de quem estava contando. Até as supostas aparições coletivas poderiam ter alguma explicação mais trivial. Tudo isso ainda lhe era muito estranho, mas Dudu pensou o seguinte: esses tipos de fenômenos devem ser singulares no Cristianismo, a religião do verdadeiro Deus. Nas outras religiões, porque há muitas, deve ser diferente.

Dudu, então, começou a investigar as outras religiões e ficou bastante surpreso: no aspecto da autoridade elas não difeririam em nada do Cristianismo. Todas se baseavam na crença de que pessoas com algum acesso privilegiado à divindade, seja quem for, eram líderes "inspirados" e que conseguiam para si um séquito. Dudu pensou: caramba, se isso não é exclusividade do Cristianismo, por que as coisas se dão assim? Estudando, ele descobriu que as religiões são, na realidade, a evolução dos mitos que, por sua vez, eram tentativas de explicar o cosmo, a origem da vida, o início e o fim de tudo, o ciclo "eterno" a que estamos submetidos etc. Dudu também descobriu que, desde as eras mais remotas, o homem vem se debatendo com perguntas do tipo "quem eu sou?", "de onde eu vim?", "para onde eu vou?". Os mitos e as religiões, não somente o Cristianismo, tentam responder essas questões até hoje, ainda que sem respostas definitivas, convenhamos.

Havia outra questão que Dudu aprendera desde cedo: o Cristianismo é o único caminho para se chegar a Deus. Portanto ele não via nenhum problema em acreditar que as outras religiões eram mitos. De fato, tinham que ser, afinal, a verdadeira religião era o Cristianismo. Mitos são exposições falsas, "histórias da carochinha" sobre fatos reais, fantasias criadas para tentar explicar a origem do que conhecemos. Já as narrativas bíblicas são exposições de algo que ocorreu ou poderia ter ocorrido. Com isso, tudo o que está na Bíblia são narrativas e não mitos.

Dudu continuou pesquisando e teve uma nova surpresa: descobriu que muitos dos relatos bíblicos encontram eco em outras tradições religiosas anteriores ou contemporâneas à época em que os livros bíblicos teriam sido escritos. Ou seja, aquele escritor supostamente inspirado por Deus escreveu muita coisa que não era original. Dudu ficou estupefato. O momento seguinte fez todo sentido para ele: se considerarmos que as religiões, que são evoluções dos mitos, partem de relatos e tradições orais, as histórias que são contadas de pais para filhos e compartilhadas entre diversas culturas pelos deslocamentos populacionais, viagens, guerras e outros fenômenos que fazem com que diversas culturas interajam entre si, então era bastante natural imaginar que o escritor bíblico tivesse utilizado elementos da cultura oral vigente para construir o texto que estava escrevendo.

De uma coisa Dudu estava seguro: não era o caso de Jesus, já que todos os relatos sobre sua vida deveriam ser literais e históricos. Lá foi Dudu pesquisar de novo. Surpresa? Não existe consenso sobre a historicidade de Jesus. Alguns estudiosos acreditam que Jesus foi um mito tornado história pelos relatos dos Evangelhos enquanto outros acreditam que os Evangelhos são relatos históricos impregnados de "elementos míticos". Essas suposições se devem ao fato de que os relatos dos Evangelhos – e consideremos aqui apenas os canônicos, definidos por sábios que tinham "autoridade" concedida por "inspiração divina" – são relatos escritos décadas depois de os fatos históricos terem supostamente acontecido e que possuem muitos elementos claramente mitológicos. Sem contar as claras interpolações efetuadas pelos copistas, muitas delas em que se pode rastrear claramente as motivações, geralmente teológicas, para reforçar a crença do próprio copista. Essa investigação foi possível por meio da análise demorada e bastante acurada das diversas transcrições, quase sempre parciais, dos mesmos Evangelhos, encontradas em achados arqueológicos.

O mais curioso para Dudu foi descobrir que até mesmo os pontos centrais da fé cristã, como o nascimento virginal de Cristo, sua morte e ressurreição três dias depois, sem falar nos eventos mais importantes da sua história, encontram-se em relatos de outras mitologias religiosas mais antigas, alguns paralelos remontando até ao antigo Egito. Em suas pesquisas, ele se deparou com algumas justificativas de apologistas cristãos para esses paralelos. Havia quem dissesse que os mitos antigos apontam para Cristo, ou seja, toda a História ocorreu com um único objetivo, apontar o Salvador da humanidade, Jesus Cristo, e, por isso, tantos paralelos entre os mitos antigos e as histórias bíblicas. Dudu também encontrou a justificativa de que os mitos antigos são tentativas do Diabo de subverter o plano da salvação.

A segunda hipótese pareceu risível para Dudu, mas nem mesmo a primeira lhe parecia muito razoável. A explicação poderia ser bem mais simples: o Cristianismo, assim como as demais religiões monoteístas ou não, é fruto de uma construção histórica, ao longo de eras, que faz referência aos mitos primordiais. Nisso, as religiões são muito parecidas. No entanto, como explicar a certeza, até então, de que o Cristianismo era a verdadeira religião e as demais são falsas? Dudu usou um pouco de sua imaginação e encontrou uma hipótese que lhe pareceu bastante razoável: ele nascera em um país de tradição cristã, onde as demais religiões são apenas marginais. Ele crescera ouvindo que a verdadeira religião é o Cristianismo e, criado dentro daquela bolha cultural, se não questionasse essas "verdades eternas", jamais aceitaria outra hipótese e até poderia se sentir ofendido caso alguém dissesse algo diferente. Então ele tentou imaginar o que aconteceria se tivesse nascido em um país muçulmano, protegido pela bolha cultural do islã. Qual a chance de considerar Alá o único Deus e Maomé, o seu profeta? E se tivesse nascido em um país africano, não estaria seu imaginário diário submetido ao panteão de divindades do continente?

Isso lhe direcionou para outro questionamento: efetivamente, qual era o Deus verdadeiro? O deus cristão, o judeu, o muçulmano ou algumas das divindades das religiões politeístas? E se existisse um único Deus e todas as religiões apontassem para o mesmo Deus? E se as religiões fossem apenas óculos diferentes para tentar enxergar o mesmo Deus? Aliás, que Deus? O Deus que Dudu conhecia era o Deus do Cristianismo. Por questões óbvias, Dudu preferia descobrir o que outras pessoas diziam a respeito de Deus e não pessoas do seu universo evangélico, já que os conceitos evangelicais a respeito da divindade eram baseados em certezas inquestionáveis. Dudu percebeu que tanto nas demais religiões quanto na filosofia, existem incontáveis teorias e hipóteses a respeito de Deus. Na realidade, Dudu chegou à conclusão de que ninguém sabe efetivamente "quem" ou "o que" é Deus.

A conclusão óbvia para Dudu é que as religiões, dentre outras questões, tentam responder "quem" ou "o que" seria Deus. Mas, para Dudu, o conceito "Deus" surgiu em algum momento lá no passado, talvez na época em que o ser humano passou a ter autoconsciência. Talvez seja algo difícil de descobrir. Cada cultura, com seus próprios mitos, criou relatos para explicar como teria surgido o nosso universo, um momento quase sempre protagonizado por um Criador. Tudo fazia mais sentido para Dudu.

O universo, por outro lado, descobriu Dudu, é tão grande e tão vasto que o conceito de um Deus que cria um planeta, como a Terra, e seres vivos, e escolhe uma espécie em particular para ser a "obra-prima da criação", e passa a se relacionar com cada indivíduo vinte e quatro horas do dia, acompanhando os mínimos detalhes de cada um, até seus mínimos pensamentos inconfessáveis lhe pareceram um tanto improvável. Ainda que lhe soasse bonito ou poético, não lhe parecia muito prático e factível. Dudu pensou na saga humana na Terra, com suas histórias e contradições, os acontecimentos fortuitos do planeta, desde aqueles em escala global ou até mesmo o simples cair de uma folha de uma árvore, a soma de todos eles e o volume absurdo de eventos. Dudu se lembrou de que a Terra é apenas um mísero planeta nesse vasto Universo e a ideia de um criador cuidando de cada mínimo detalhe fortuito se aplicaria não somente ao nosso mundo, mas a toda e qualquer partícula desse Universo.

O conceito da Terra como centro do Universo e atenção especial de um Deus criador cuidando de cada mínimo detalhe da menor partícula já lhe parecia meio forçado. Se ele, adicionalmente, considerasse que, no Universo, a Terra não passa de uma poeira, se há um Deus que criou tudo isso, esse Deus não poderia ser parecido com o Deus descrito pelos cristãos ou por outras religiões. Havia outra complicação: o "mundo espiritual". Dudu tampouco conseguia conceber um universo paralelo de anjos e demônios interferindo na vida da Terra. Como seria nos outros planetas? E no Universo como um todo? Durante as pesquisas, ele descobriu que há muitos fenômenos que, nós, humanos, na incapacidade de explicá-los, preferimos atribuir a esses seres "espirituais" que estariam interferindo nesses fenômenos e, por extensão, em tudo o que acontece no planeta.

Dudu concluiu que fenômenos ainda inexplicáveis e as questões filosóficas referentes à nossa existência e ao nosso propósito já foram respondidas pelas religiões de uma forma ou de outra, partindo de mitos que surgiram há milhares de anos. E, no caso das religiões, como a professada por Dudu, essas questões possuem respostas dogmáticas, não passíveis de revisão, porque isso significa heresia para os defensores ou detentores das "revelações" divinas. Esse tipo de postura não agradava a Dudu, que era muito questionador e estava sempre disposto a rever seus conceitos se outra ideia mais razoável se apresentasse. Não é o que ocorre com os postulados religiosos: um dogma está estabelecido porque sim e pronto. É bem verdade que, em suas leituras, Dudu ficou sabendo que já existe uma infinidade de teólogos que não vê esses dogmas como princípios inquestionáveis e que estão sempre dispostos a rever seus conceitos. Isso deu um alento para Dudu, que percebeu que nem tudo estava perdido.

Quando chegou nesse estágio, ele teve a impressão de que sua jornada havia chegado ao fim. Dudu não estava convencido de um final definitivo em seu caminho, mas a questão que o motivou a começá-lo estava razoavelmente respondida: ele não tem fé para crer em um Deus como o Cristianismo postula. Dudu percebeu que não faz a menor ideia se Deus existe ou não. Descobriu-se um agnóstico. Ele não gosta muito de rótulos, mas, na necessidade de adotar um, considera-se um agnóstico, ou seja, uma pessoa que não sabe se Deus existe ou não. E, se ele existe, Dudu não tem a menor ideia do que seja Deus, em sua essência.

Desse modo, Dudu não despreza as religiões, apenas perdeu o interesse por elas. Ele entende que as religiões têm aspectos positivos, na medida em que se esforçam para responder questões que atormentam a humanidade desde sempre e pela preocupação constante e comum a todas de que o ser humano veja o seu semelhante como igual, encare o planeta como uma dádiva divina que deve ser bem cuidado. Essas questões não são exclusivas das religiões e não é preciso ser religioso para pensar assim, basta ter bom senso. Entretanto, se elas se preocupam com isso, não se pode dizer que seja algo ruim.

O problema das religiões, na visão de Dudu, é que elas possuem um potencial desagregador muito grande na medida em que seus adeptos tendem a se isolar em guetos e criar inimizade com os que professam uma religião diferente. No entanto, esse comportamento tampouco é exclusividade de religiosos: é um traço comum de todos os seres humanos.

No sentido tradicional, Dudu não se considera mais um religioso. Sua preocupação é apenas ser um ser humano decente que respeite seu próximo e contribua positivamente para a história que nós, seres humanos, estamos construindo neste planeta. Dudu não sabe o que virá depois. O que ele sabe é que a vida é curta e que, por isso mesmo, deve ser vivida da forma mais racional e respeitosa possível, com os outros e com o planeta. Ele não se interessa em tentar mudar a forma de pensar das outras pessoas. Dudu acredita que cada pessoa é livre para acreditar no que quiser, desde que isso não prejudique, de qualquer forma, o seu vizinho. Ele acredita que cada ser humano é livre para escolher a religião que quiser e não pode ser constrangido por ninguém a mudar isso se não estiver prejudicando nem oprimindo outras pessoas com a sua forma de pensar e seu estilo de vida decorrente.

Dudu chegou à seguinte conclusão: se Deus existe, é bem possível que ele espere que eu seja o mais sensato e responsável possível pelos meus atos e que veja o meu semelhante como igual, sem a pretensão de me julgar melhor do que ele, e que meu sentimento em relação ao próximo seja de compreensão e empatia. Afinal, no limite, não é isso o que dizem todas as religiões?

Para Dudu, isso é o que importa: o resto, todo o resto, é passível de reelaboração.

Com o coração mais leve e um sorriso no rosto, ele virou para o lado e dormiu. Amanhã é um novo dia.

Capítulo V

QUAL CRENÇA?

Nelson Costa Jr.

> *A vida nos oceanos devia ser um inferno. Um vasto e impiedoso inferno, cheio de imanentes e contínuos perigos. Tanta desgraça que, durante a evolução, algumas espécies – inclusive o homem – fugiram em busca de terra firme, onde o perigo e a escuridão continuam.*[17]
>
> (Werner Herzog)

Seja bem-vindo à sua escuridão. Isso, você já abraçou sua tragédia? Eu já. Acossado de crenças que ultrapassam minha capacidade de crer, fui privado, talvez, pelo bom "Deus", da oportunidade de acreditar sem levar em consideração as representações e os esquemas imaginários por trás do divino. Devido a isso, crença para mim é uma aposta no mito, logo, todo mistério a respeito do divino é teoria sujeita a ser questionada. Infelizmente, crentes, de toda parte, não entendem que perguntar não é sinônimo de burrice ou pecado. Com isso, a justificativa correta para viver uma vida além

---

[17] HERZOG, W. Minnesota declaration: truth and fact in documentary cinema. **Walker Magazine**, 1999.

do crer ou não crer, é questionar. Utilizar das mesmas ferramentas de pesquisas, das bias e atitudes pessoais, esforços e desejos, que utilizo para provar a mim mesmo que a crença alheia está errada. Como foi bem dito pelo velho Slavoj Žižek: "Pode-se acreditar em fantasmas sem ter fé neles".[18]

Viciados em Crença

Meu amigo Peter Rollins sempre conta a história de um rei que, publicamente, disse o seguinte diante do sofrimento de um homem: "Há um mendigo lá fora; é necessário expulsá-lo imediatamente. Você não sabe que eu sou um tipo de rei tão compassivo e amoroso que não posso ficar observando tamanho sofrimento?".

Pois é, somos bons em anunciar nossas crenças, mas será que as praticamos? Claro que todos dizem que sim, pergunte e verás. Ninguém diz ser tão mau assim, porém o resultado de nossas práticas no mundo é diferente. A questão é que somos viciados em crenças, dependentes de discursos que nos gratificam ou condenam no além pós-morte. Claro, quanto mais patológica for a nossa crença sobre determinado discurso religioso, mais confortavelmente iremos nos acomodar a ele, acreditando viver piamente a mais pura e divina predestinação – uma confusão patética entre discurso e prática, destinada a produzir monstruosas consequências intelectuais.

Talvez o culpado seja o apóstolo Paulo, penso eu – procure pelos inúmeros livros sobre Paulo de Tarso e crença e tire suas próprias conclusões. O problema de tudo isso é que na impossibilidade de reconhecer nossas dúvidas, julgamos o outro com fundamentos absurdos, que insistimos em propagar conhecer. Nossa descrença está lá. Ela está encoberta por três ou quatro camadas de camuflagens que impedem o reconhecimento de nossas desconstruções favoráveis – o que me interessa: tiro e acrescento ao pensamento

---

[18] ŽIŽEK, S. **O amor impiedoso (ou: Sobre a crença)**. Tradução de Lucas Mello Carvalho Ribeiro. 1. ed. [s.l.]. Autêntica, 2012. p. 165.

de forma imperceptível. Fica até difícil perceber nossos problemas. É como se, diante de uma crença anterior, nascesse uma posterior que fosse mais crível para a futura geração sem frustrar nossos interesses pessoais. Como imbecis, começamos a chamar o novo mapa de território e o novo discurso, de sagrado novamente; só que agora com outro sobrenome. Ou seja, a crença sempre vence e a humanidade sempre atrasa. Precisamos, o mais rápido possível, aceitar que não acreditamos em muita coisa que dizemos acreditar.

Tal processo coloca qualquer pessoa em uma prisão: o disparate. Passamos a medir o nosso valor não de acordo com a reciprocidade que compartilhamos com os outros, mas pelas semelhantes crenças que temos, ou, como de costume, com a ideologia que defendemos. O axioma disso é que tanto um quanto outro, no âmago de sua vida, contempla dúvidas que costumam esconder da essência que vive. As dúvidas estão lá, mas não podem ser expressas porque o cérebro se tornou um lugar recalcado de acordo com o vício mental particular. Ou seja, nossas crenças fundamentais agem, muitas vezes, como um escudo, que nos protege de um verdadeiro confronto com o coração. Logo, assegurar-nos em um discurso não irá ajudar. Precisamos admitir nossas descrenças para nos livrar de versos lógicos e enfrentar o que realmente acreditamos. Precisamos confrontar as máscaras que produzem essa sensação de lugar, propósito e existência, para nos libertar do desvario. Mas como, se somos dependentes da ilusão do negócio todo?

Por isso, veja bem, estou tentando simplesmente anunciar a importância da honestidade para aqueles que dão algum crédito à ignorância pessoal. Ocupo-me em disseminar uma mensagem que nos convida a enxergar a crença que se encontra entre nossas rachaduras. Não sou contra a crença como muitos pensam, pelo contrário, sou a favor dela. Minha única preocupação com a crença é o vício pragmático: o fato de elas funcionarem como narcóticos e seus proclamadores, traficantes. Quero somente provocar as pessoas a deixar o vício da crença inquestionável, a sair das condições perfeitas e a desmascarar o sofrimento interno por meio de um confronto direto com as crenças pessoais – sentir a dor de questionar as respostas já definidas.

Enfim, somos viciados em crenças. Dito isso, convido o leitor a procurar algum tipo de autorrecuperação, como ler os críticos da crença, os materiais científicos e os resultados das novas descobertas. Procurar entender, no mínimo, que muitas vezes estamos acostumados a justificações rotineiras que produzem um raciocínio coerente e sólido, porém tão inflexível, que não entende o vento da descoberta, da história e da evolução.

Desconstrução, uma excelente crença

> Quatro coisas tem o homem
>
> Que não servem no mar:
>
> Âncora, leme, remos,
>
> E o medo de naufragar.[19]
>
> (Antônio Machado)

Aquilo que traz salvação é, quase sempre, o que condena. Costumamos fazer reuniões em grupos para compartilhar a nossa condenação. Vivemos bem com isso, então, para quê desmontar "o que está dando certo"?

Você até pode me chamar de desconstrutor ou desfazedor descrente pós-moderno, mas não pode mentir que já utilizou da desconstrução para continuar anunciando o que chama de verdade por trás de sua crença; que é tanto um privilégio quanto uma responsabilidade anunciá-la. A pergunta é: você já foi além disso?

Nelson, você já foi? Claro que sim! Eu não parei ainda. Não é à toa que eu não acredito que possa retirar algum padrão moral objetivo da crença para vida – talvez essa seja a diferença primordial entre a gente. Por exemplo, no caso da moral objetiva, de uma crença

---

[19] MACHADO, A. **Proverbios y Cantares**. Madri: [s.n.].

específica, como o Cristianismo – percebo que o cristão não tem nem fundamento para acreditar. Quer uma dica? Estude o passado do Cristianismo. Os crentes sempre irão discordar uns com os outros em uma série multifacetada de questões éticas, quer comecem com a Bíblia como revelação de Deus ou com a moral sendo adquirida a partir de uma teoria da lei natural. Está aí a necessidade de tomar o primeiro passo: desconstruir.[20]

Na verdade, devido à doença da alma que adquiriu por esgotamento da inteligência crítica, o crente, seja ele conservador ou liberal, construiu um tipo de relativismo ou moralidade reinante que não é propriamente crença ou ideologia. Por isso que a desconstrução se faz necessária, porque tal indivíduo da fé nada mais é do que um angustiado que reage por uma espécie de colapso teológico – claro, manipulado pelos pilantras do Senhor –, tornando-se um boboca servil que já não sabe se orientar e sempre implora por uma voz de comando. O comando pode ser oco e sem sentido, como "Jesus isso, Jesus aquilo", mas, quando vem, soa sempre como um alívio.

Se você duvida, procure na realidade, pois não pretendo escrever uma tese aqui para tentar explicar essa situação tenebrosa que existe em que a desconstrução não acontece. Analise pelo menos o seguinte: "A autoridade da Escritura Sagrada, razão pela qual deve ser crida e obedecida, não depende do testemunho de qualquer homem ou igreja, mas depende somente de Deus (a mesma verdade) que é o seu Autor".[21]

Que medo! Qual a ideologia desse "Deus" que devo seguir? Qual "Deus" que é a própria verdade? Ora, todo "Deus" de uma época é um recorte que enfatiza certos aspectos da realidade para, momentaneamente, dar a impressão de que as outras interpretações – sombrias e sangrentas – sobre "Ele" nunca existiram. Logo,

---

[20] A desconstrução é um conceito elaborado por Jacques Derrida, como uma crítica de pressupostos dos conceitos filosóficos.

[21] **Confissão de Fé de Westminster**, capítulo 1, artigo IV. Disponível em: <https://www.ipb.org.br/recursos/download/a-confissao-de-fe-de-westminster-148>. Acesso em: maio 2018.

o que fazer se, para o crítico da desconstrução, desconstruí-lo é uma atitude depreciativa da verdade? Não pare de ponderar, caro amigo. De qualquer forma, construir ou desconstruir "Deus" é uma atitude burra, porque só se constrói ou destrói o mito – coisa que necessitamos o mais rápido possível –, e não o "Deus Ser".

Diante dessa complexa situação é que a desconstrução se faz necessária. Ela impede a instalação da barbárie, ensina-nos a voltar ao velho Sócrates e ponderar por alguns anos o seguinte: a conduta é correta porque deuses a comandaram ou deuses a comandam porque ela é correta? Está conseguindo entender?

Se você disse sim, continue a crítica e pesquise o que for necessário. Se você disse não, será que, pelo menos, eu consegui despertar sua atenção à crítica e ao valor da desconstrução? Não? Deixe-me tentar mais uma vez: encontrei Jesus e, como na vida de muita gente, nada foi resolvido. Não sei se elas têm coragem para dizer isso. Só vivi mais uma daquelas historinhas estabelecida no desinteresse científico e na acomodação cerebral complacente a uma convivência feita só de estereótipos – a crença no fingimento.

Entenda que não existe crença, fé ou qualquer outra coisa sem considerar a desconstrução e o valor do ingressar naquele recinto fechado e sombrio para começar a questionar o inquestionável. Apesar de tudo isso ser apenas uma arte destinada ao prazer pessoal, a Teologia se tornou a composição de epitáfios.[22]

Infelizmente, o crente acha isso angustiante demais e, buscando alívio em uma crença fácil, acaba por se transformar em seu próprio estereótipo, deixando a desconstrução e os temas difíceis de lado, para buscar somente o terreno firme das crendices costumeiras, em que as conclusões se produzem com o automatismo fácil das secreções orgânicas. O preço, evidentemente, é escapar por completo da realidade – mas que importa isso a quem quer apenas agradar a "Deus"?

---

[22] RASCHKE, C. A. The deconstruction of God. In: ALTIZER, T. J. J. (Ed.). **Deconstruction and theology**. New York, USA: Crossroad, 1982.

A crença além da crença

O dia em que você admitir publicamente que sua crença é semelhante à de outro, que tem com algum outro deus ou super-herói, você encontrará o além da crença. Crença é, também, aceitar que a coisa toda é complexa e que só entendemos daquilo que se encontra em nosso círculo limitado de experiência repetitiva, em que a eficácia do crer herdado nos dá ilusão de segurança.

Costumamos sempre defender a ideia da crença além da crença por meio de outra interpretação sobre determinado Deus – por exemplo, aquele Deus poético, social e cheio de amor, que costuma assumir o lugar do Deus castigador, doutrinário e conservador. Não percebemos que só trocamos os rótulos, mas mantivemos a mesma ladainha. Temos que entender que se a única coisa que faz um homem procurar uma crença melhor é a expectativa de suprir seu vazio com outro tipo de discurso além da realidade trágica, então esse indivíduo nunca entenderá a realidade em si. Sempre estabelecerá algo a mais por meio de sua insatisfação existencial, justificando-se, por meio de uma específica hipótese, que não superará a crença antes determinada pelo seu meio, existência, influências etc. – como disse antes, simplesmente trocará o nome dos bois.

Está tudo bem, não há problema em ter um apego inefavelmente pessoal a "Deus" (deísmo, panteísmo ou qualquer coisa que desejar). É um direito seu. Como dizia o bom Vinícius de Moraes: "Diante do ponto de vista lógico, cartesiano, nada metafísico tem solução". Mas "eu creio", disse ele, "creio e ponto final". Contudo é pertinente que esse apego seja algo pessoal e não político-social. Caso contrário, tal ideia, que geralmente viola todas as leis do universo, torna-se o fator conflitante que, na mesma medida em que se exibe, procura se ocultar. Que porcaria de crença além da crença é essa?

Para mim, tudo isso soa como aquele romance satírico-histórico do Joseph Heller, *Catch 22*. Se inicialmente tentarmos descobrir tudo com a razão, não podemos descobrir nada... Entendo o argumento. Agora, tomemos, por exemplo, a premissa de que uma específica crença esteja correta: não dá para prová-la. Terminaremos na ideia de mistério, revelação, espírito e naquela conversa toda que o grupo cômico "Porta dos Fundos" fez sobre Deus.[23]

De qualquer forma, não dá para negar que algo a mais exista. Mas o quê? Entendo que isso nos fornece basicamente duas opções, ou tudo isso é somente um absurdo:

a. Qualquer crença parte do princípio de que algo sempre existiu.

b. Qualquer crença determina que algo veio à existência do nada.

Não queria entrar em filosofia aqui, mas tive. O problema é que em qualquer lado do chifre desse boi que nós agarrarmos, vamos nos deparar com profundos conflitos. De um lado, veremos o problema das significações dessa divina crença do "sempre existiu sem um começo" – alguém realmente pode explicar isso? Do outro lado, é extremamente difícil entender como algo – o universo, como conhecemos, ou até mesmo o Deus por trás de uma específica crença – "veio à existência a partir do nada". Será que alguém realmente pode explicar isso?

Bem, eu já disse que o apóstolo Paulo é o culpado de tudo isso. Veja o seguinte: se estivermos falando sobre a crença irracionalista do apóstolo das epístolas bíblicas, digo que mantemos o lenga-lenga – só se tem fé naquilo que não se sabe, nem se conhece; de modo geral, ter fé é crer ardentemente em algo, mesmo sem ter razão para fazê-lo.

Não obstante, se for sobre a crença metastática – o sentido de ter fé na autoridade do cientista, do engenheiro, entre outros –, ou seja, o que me permite confiar, já desconfiando, na experiência do sujeito, digo que abrimos possibilidades para a vida, o desenvolvimento e o progresso da raça humana. Deixa o inexplicável milagre para quando "Deus" quiser, diria. Isto é, creio que a crença além da crença é um tipo de "crença" que deveria, antes, ser chamada de "opinião", com funda-

---

[23] PORTA DOS FUNDOS. DEUS, [s.d.]. Disponível em: <https://www.youtube.com/watch?v=t-11JYaJcpxg>. Acesso em: maio 2018.

mentos que podem ser examinados, criticados e revistos. Ou melhor, entendo que a crença nada tem a ver com a metastática. O caso é que nenhum crente aceitaria que pudesse haver alguma experiência que desmentisse a sua fé: a crença em Deus nada tem a ver com razões. Trata-se de um dom sobrenatural fantasmagórico – o próprio Tomás de Aquino que, por ser influenciado por Aristóteles, é relativamente racionalista, citando Hebreus 11:1, segundo ele, a fé é "a substância das coisas esperadas e a prova das coisas não vistas".

Entendeu como a coisa se complica? Como provar ou refutar a veracidade de uma crença quando a existência do sujeito "Deus" por trás é definida por miopia, influências, cultura e uma série de eventos que estão enraizados na necessidade psicológica comunitária e individual, contra ou a favor do mundo? Impossível quando o indivíduo não encara a coisa toda. O apelo à teleologia, por exemplo, que pressupõe o conhecimento das intenções de "Deus", muitas vezes piora o diálogo: a pretensão a tanto não só prejudica a conversa, mas a ciência. E são justamente as religiões positivas que costumam cometer esse sacrilégio.

Quando o assunto é crença além da crença e suas propriedades, prefiro ficar com o escritor francês Stendhal que, em algum de seus manuscritos, disse: "A única desculpa para Deus é que ele não existe". Porém pergunto constantemente: como provar tal afirmação? Recuso-me a apostar no além e abraço o conhecimento prático para lidar com a realidade. Nesse mundo, a razão e o ceticismo ainda são as ferramentas mais seguras de "Deus". Por fim, sugiro ater-nos ao propósito contido nas atitudes em favor ao próximo, ao progresso e ao desenvolvimento humano; não meramente semânticas de ordem sintática, que não ajudarão em nada. Percebo que isso é perfeitamente lógico e racional e que encontra ressonância e sentido em milhares de pessoas que preferem pensar por si mesmas ao invés de abraçar causas e confiar sua vida inteiramente a um amigo sobrenatural, o qual não há consenso algum sobre o que é, como pensa e como age, trazendo ao mundo mais conflitos e controvérsias do que necessariamente harmonia e paz. Vivendo assim, imagino que encontraremos sempre uma crença melhor que a nossa, que beneficiará tanto a gente, a "Deus" e aos outros.

Conclusão

As épocas luminosas da história são aquelas em que perguntas foram compartilhadas e verdades, desconstruídas. Enquanto a massa se escondia atrás de certezas inabaláveis, garantidas por padres, monges e líderes espirituais; cientistas, questionadores e filósofos viviam em um inferno de dúvidas, perplexidades e temores, que os padres, monges e líderes espirituais do recente século chamam de verdades do céu. Não, meus caros, não se enganem, a maioria de nós tem a visão curta. Por isso, insisto em reafirmar: o importante é compreender que não existe nenhuma lei que nos obrigue a eternizar uma crença não eternizável.

Referências

Confissão de Fé de Westminster, capítulo 1, artigo IV. Disponível em: <https://www.ipb.org.br/recursos/download/a-confissao-de-fe-de-westminster-148>. Acesso em: maio 2018.

HERZOG, W. Minnesota declaration: truth and fact in documentary cinema. **Walker Magazine**, 1999.

MACHADO, A. **Proverbios y Cantares**. Madri: [s.n.].

PORTA DOS FUNDOS. **DEUS**, [s.d.]. Disponível em: <https://www.youtube.com/watch?v=t11JYaJcpxg>. Acesso em: maio 2018.

RASCHKE, C. A. The deconstruction of God. In: ALTIZER, T. J. J. (Ed.). **Deconstruction and theology. New York, USA: Crossroad, 1982.**

ŽIŽEK, S. **O amor impiedoso (ou: Sobre a crença)**. Tradução: Lucas Mello Carvalho Ribeiro. 1. ed. [s.l.] Autêntica, 2012. p. 165.

Capítulo VI

TOMEI A PÍLULA VERMELHA

Thiago Mendanha do Nascimento

Gostaria de ter acordado em uma bela e entediante manhã de uma segunda-feira qualquer e ler na tela do meu computador a intrigante mensagem: "Acorde, Thiago! A Matrix te achou. Siga o coelho branco".

Mas não foi assim que descobri que era um prisioneiro. Não houve um grupo de *hackers* liderado por um cara com codinome de "deus dos sonhos" ou agentes federais no meu encalço. Não aprendi Kung Fu, não desviei de balas e também não fiz aquele lance do Superman.[24] A história de como percebi que estava em uma caverna lidando com sombras está bem longe de ser interessante e recheada de ação. Foi preciso tempo para ver. Precisei conhecer pessoas, aprender com elas e também desaprender muita coisa que me ensinaram. Li muitos livros, bons e ruins. Tive que questionar aquele mundo apertado e escuro à minha volta.

---

[24] Em *Matrix Reloaded*, segundo filme da trilogia, Link, ao ser questionado sobre o destino de Neo, responde que "está dando uma de Superman" porque estava voando.

Ao contrário do que insistia em afirmar, com toda convicção, recitando o famigerado versículo *"E conhecerão a verdade, e a verdade os libertará."*, não era nem livre e, tampouco, conheci a verdade. Mas, apesar da minha jornada não ser tão empolgante quanto à de Neo, no filme *Matrix*,[25] acredito que pode servir de algum proveito para alguém que esteja passando pela mesma trilha ou esteja por perto. Pelo menos foi isso que aprendi quando mantive por três anos o blog *Tomei a pílula vermelha*. Foi nesse período que experimentei, senão a maior, umas das mais significantes *metanoias* da minha vida. Mas antes de falar sobre o blog, preciso contar o caminho que percorri até o motivo de criá-lo.

A curiosidade não matou o gato

Fui um garoto estudioso e muito curioso, mas aquele tipo bicho do mato.[26] Ainda novo, lembro-me de travar longos questionamentos comigo mesmo sobre a origem de Deus, como Ele poderia ter surgido do nada e outras divagações dessa natureza. Ficava tentando entender o cosmo e os desdobramentos da ideia de todas as coisas terem sido criadas por um ser todo-poderoso. Passava horas imaginando qual seria a resposta para a vida, o universo e tudo mais. No entanto acabava sempre me cansando de tentar compreender tudo isso.

Era como se estivesse preso em uma cela, tentando roubar as chaves penduradas logo ali nas calças de um guarda cevado em profundo sono, alongando meu braço pelas grades distantes o suficiente para não as alcançar. Essas chaves simbolizam um vislumbre do que poderia conhecer se pudesse me livrar daquela pocilga. Como eu poderia conceber a origem de Deus – e para mim esse era o ponto central de todo o universo – se o que me ensinaram foi que Deus não tem início e nem fim? Aliás, eu nem compreendia que essa premissa estava me segurando. Por isso, qualquer tentativa de extrapolar esse

---

[25] *Matrix* é uma produção cinematográfica estado-unidense e australiana de 1999, gêneros ação e ficção científica, dirigido pelos irmãos Wachowski e protagonizado por Keanu Reeves e Laurence Fishburne.

[26] Pessoa excessivamente envergonhada, tímida, antissocial, "caipira".

princípio incrustado em minha cabeça jovem iria exaurir minhas energias. Como se forçasse a mente ao limite da imaginação, e o limite era justamente o que haviam plantado em mim: um dogma, um ponto fundamental e indiscutível de uma crença religiosa.

> Dogma não significa ausência de pensamento, mas, sim, o fim do pensamento, ou seja, que finalmente se chegou a uma conclusão.[27]

Apesar de nós, gatos, já nascermos livres, por longo tempo na História muitos foram punidos, torturados e mortos por causa da curiosidade. Atrevidos e questionadores, que foram enxeridos, insolentes e, costumeiramente, chamados de hereges, ousaram chegar a outras conclusões adversas das que lhes enfiavam goela abaixo os dogmas fundamentais da fé de seu tempo.

Felizmente, graças a esses curiosos de seu tempo, muitas correntes foram quebradas e mentes abertas para que hoje pudéssemos exercer o livre pensamento, questionar fundamentos, pesquisar, ler sem censura, descobrir o que já foi descoberto. Pelo menos, a maioria de nós pode usufruir dessas conquistas. E como não precisei me preocupar em ser morto pela curiosidade, segui diligentemente refletindo sobre minhas crenças – ou seriam as crenças dos outros?

A Santíssima Trindade ou Como quase me tornei três em um

Por uma ligeira influência da minha mãe fui um garoto católico não praticante a maior parte do tempo – seja lá o que isso quer dizer, afinal. Mas não antes de ter experimentado um pouco do Kardecismo com meu pai. Por meio da minha avó materna fui levado a conhecer o Protestantismo. E foi assim, ao transitar pela Catequese, Escola de Evangelização Espírita Infantil e Escola Bíblica Dominical, que fui assimilando os tantos preceitos religiosos que limitaram minha

---

[27] CHESTERTON, G. K. **The Victorian Age in literature**. [s.l.] CreateSpace Independent Publishing Platform, 2017.

imaginação e meu pensamento. Crescendo e absorvendo três visões de mundo distintas em uma disputa familiar proselitista pelo domínio da minha mente em formação. Imagino que os três estavam obedecendo a um provérbio em comum:

> Instrua a criança segundo os objetivos que você tem para ela, e mesmo com o passar dos anos não se desviará deles. (Provérbios 22:6. Nova Versão Internacional).

Não acredito que meu pai, minha mãe e minha avó haviam entrado em qualquer tipo de acordo sobre os objetivos que tinham para mim quanto a que caminho de fé queriam que eu seguisse. Quem sabe, porque nenhum deles era o tipo de religioso fervoroso para que isso fosse uma preocupação latente. Exceto pela minha avó, que sempre se mostrou a mais engajada – ou praticante –, mas era a que tinha menor influência sobre mim. Como, aparentemente, nunca chegaram a questionar muita coisa do que aprenderam sobre religião, ensinavam o que tinham para ensinar.

Três religiões, três afluentes em minha mente. Não sei o que esperavam com isso. Um arremedo do Pai, do Filho e do Espírito Santo? Não fosse o fato de que cada um pensava estar certo sobre o que acreditavam, possivelmente era esse o objetivo deles; criar o sincretismo religioso em pessoa, uma pequena e esquizofrênica santíssima Trindade encarnado em um garoto do interior. Só me faltava a mãe virgem. Mas como tenho duas irmãs dificilmente eu seria confundido com algum tipo de messias, como Brian[28] foi.

Eu sei que é confuso, mas não posso culpá-los. Só queriam o melhor para mim. No final, acho que só posso agradecer, porque conhecer essas três formas de encerrar o pensamento com conclusões inquestionáveis me fez desconfiar, em algum momento, das verdades únicas que eu viria a acreditar posteriormente, e

---

[28] *A vida de Brian*, no original inglês *Life of Brian*, é um filme dos Monty Python, filmado em 1979, por Terry Jones, membro do grupo. O seu argumento baseia-se em uma sátira sobre a época de Jesus Cristo e é considerado blasfemo por uns e genial por outros.

considerar que há muitas outras formas de pensar, as quais as pessoas creem ser a verdade absoluta.

Ghost: do outro lado da vida ou *Eu queria ser um tigre*

Meu pai me levava algumas vezes ao Centro Espírita. Lá também participavam as outras crianças de aulas de evangelização infantil. Na primeira vez, lembro-me de ter ficado surpreso por eles ensinarem sobre Jesus, pois pensava que não fazia parte do credo espírita. Essa familiaridade com o credo católico me deixou à vontade. Recordo-me de ser um ambiente sossegado, calmo e silencioso. Também cheguei a receber passes em uma sala escura com iluminação avermelhada. Essa parte não me deixou muito confortável. Mas tirando essas pequenas visitas com meu pai, minha experiência com o Espiritismo foi muito curta e rasa porque tão logo ele morreu, desencarnou ou deixou esse plano, eu perdi um dos apoios do tripé doutrinário na minha infância. Desde então, qualquer outro contato com o Espiritismo que eu viria a ter se daria tão somente por meio de revistas e livros deixados pelo meu pai, pelas manjadas telenovelas da Rede Globo, por filmes que reforçavam ou pregavam uma crença espírita e por meio do bom e velho senso comum sobre o assunto. Aliás, como não citar *Ghost*[29] aqui? Esse filme, além de ter sido muito popular, acabou influenciando bastante a minha maneira de pensar a vida após a morte. A telenovela *A viagem*[30] e sua música tema homônima, também foram muito marcantes nesse sentido, o que me remeteu emocionalmente ao meu pai.

---

[29] *Ghost: do outro lado da vida*, título em português do Brasil, ou *O espírito do amor*, em português de Portugal, é um romance norte-americano, de 1990, dirigido por Jerry Zucker e com roteiro de Bruce Joel Rubin. O filme foi indicado a cinco Oscars, incluindo Melhor Filme, Melhor Trilha Sonora e Melhor Montagem, e ganhou os prêmios de Melhor Atriz Coadjuvante para Whoopi Goldberg e Melhor Roteiro Original.

[30] Versão de 1994 da trama homônima apresentada pela TV Tupi, em 1975, também escrita por Ivani Ribeiro, a telenovela foi sucesso de audiência na Rede Globo na faixa das 19h. Dirigida por Wolf Maya, a produção destaca um tema até então não abordado pela emissora em seus folhetins: a vida após a morte, inspirada na doutrina de Allan Kardec, o Kardecismo.

Mas, mesmo tendo sido ligeiramente pouco exposto ao Kardecismo, foi o suficiente para que depois do funeral do meu pai eu insistisse com minha mãe em não dormir sozinho no meu quarto. Ela ficou intrigada, é claro, e quis saber o motivo. "Ah, mãe! Estou com medo do meu pai!", respondi. Meio confusa, minha mãe não entendeu. "Meu pai agora é um espírito!", expliquei. Ela, com toda a paciência e querendo me consolar, tentou me acalmar dizendo que meu pai era uma boa pessoa – dificilmente conheço alguém que depois de morrer não passe a ser uma boa pessoa – e que ele só queria meu bem. "Mas, não importa. Ele agora é um espírito e não vai se lembrar disso!", retruquei, no alto da minha ingenuidade.

Também tenho uma remota lembrança de testemunhar uma viagem astral[31] da minha irmã, não a caçula, mas a do meio. Juro ter visto o espírito dela em posição de meditação, saindo do corpo enquanto dormia. Eu estava meio adormecido na parte de cima do beliche – conveniente para uma visão sobrenatural, eu sei –, a caçula logo abaixo e a fujona em uma cama ao lado. Pelo menos não era o espírito da minha irmã morta e, portanto, esperava que depois do passeio, por sabe-se lá onde no plano espiritual, ela voltaria em tempo de acordar para ir à escola. Caso contrário, minha mãe ficaria muito nervosa com ela.

Depois disso, e com um pouco mais de idade, não me recordo de nenhuma outra experiência projetada pelo meu duvidoso Espiritismo. Quem sabe eu não tenha oportunidade de ser um espírita melhor em outra vida. Pensando bem, quando garoto, minha vontade era reencarnar como um tigre. Não deixa de ser uma ideia assaz legal. Mas reencarnar como um felino tão magnífico infelizmente não é factível no meu caso, já que sou ateu há várias reencarnações. No entanto falemos desse lado da vida e esqueçamos os tigres.

---

[31] Projeção da consciência (PC) ou experiência fora do corpo (EFC). Descreveria um suposto fenômeno paranormal: a "saída" da consciência do corpo humano e uma suposta "manifestação" em uma "dimensão extrafísica". O Espiritismo denomina essa "dimensão extrafísica" como plano espiritual. A experiência fora do corpo, do inglês *out of body experience*, pode ser caracterizada também como sendo a sensação de saída ou escape do corpo físico, com a possibilidade de observar a si próprio e ao mundo afora de outra perspectiva.

Santo Rosário, Batman! ou Eu nunca consegui rezar o terço

Apesar de o Kardecismo não ter sido tão presente em minha jornada espiritual, avalio que por conta do sincretismo religioso muito forte na cultura brasileira, carreguei por bastante tempo alguns aspectos sutis dessa bonita e cheia de idas e vindas vertente religiosa. Pelo menos até me tornar um evangélico extremamente empenhado – para não dizer chato e bitolado. Entretanto antes disso eu fui católico. Afinal, todo crente[32] que se preze é um "ex-alguma coisa", muito embora o fato de ser um "ex-católico" não tenha acrescentado nenhum floreio para meus testemunhos, muito menos me proporcionado narrativas dramáticas e motivacionais para que eu fosse reconhecido pelos irmãos como "aquele que foi católico, mas foi liberto pelo sangue do Senhor Jesus e essa noite traz uma palavra de vitória por meio do seu testemunho forte".

Se não me aprofundei ao Espiritismo de meu pai, tão pouco o fiz com o Catolicismo que minha mãe não fez questão de forçar. Minha experiência com a igreja que São Pedro fundou foi bastante trivial. Fui um jovem católico, daquele tipo que não se dá o trabalho de sequer frequentar as missas, mas que não titubeia ao responder religião católica em qualquer senso ou formulário que se pusesse à minha frente. Contudo, esse período como ovelha do Papa foi deveras cansativo e sofrível. Foi na mesma época em que nos mudamos para uma cidade predominantemente católica. Talvez tenha sido o clima de fé ou qualquer atino que minha mãe teve, mas os três anos em que moramos ali com certeza foram os mais católicos da minha vida porque fomos, minhas irmãs e eu, arrastados pela minha mãe nessa tão repentina vontade de praticar a religião.

Comecei a participar da Catequese. Não me sentia muito motivado a sair de casa com minha bicicleta e ir até a igreja para ficar ouvindo o quanto eu sou ruim e que preciso fazer isso e aquilo para que Deus me perdoasse. Eu só queria jogar bola e andar de bicicleta

---

[32] No Brasil, os protestantes ou evangélicos também são particularmente denominados de crentes.

com meus amigos. Logo, faltou-me resiliência e rapidamente desisti do curso. Acho que nunca cheguei a contar isso para minha mãe. Não teria sido uma boa ideia trocar a instrução da fé por vadiagem com a galera.

Fugir de outras atividades da agenda católica da minha mãe não era uma opção. Nas férias do meio do ano sempre acontecia uma grande celebração ao Divino Pai Eterno. Seguindo a tradição da Romaria, os fiéis se deslocam até Trindade para pagar promessas, agradecer as graças alcançadas, acender velas, rezar e percorrer a pé a conhecida Rodovia dos Romeiros, que tem cerca de dezoito quilômetros de distância da capital de Goiás, Goiânia. Até aí, tudo bem. Mas minha mãe, repentinamente católica, também decidiu fazer esse distinto trajeto. Não seria problema se ela não tivesse nos levado com ela. Nesse dia eu aprendi o significado do santo sacrifício.

Caminhando quilômetros sob um sol escaldante, chorando e com as pernas desfalecendo, entendi muito bem a parte do sacrifício. No entanto a parte do motivo que Deus precisaria que fizéssemos isso ficou um pouco confusa. Mesmo que haja algum tipo de virtude que brote do sofrimento, procurar a dor me parece masoquismo demais, e dizer que isso era para Deus me fez pensar que era um sádico. Com essa experiência não tive dificuldades em rejeitar uma relação sadomasoquista com Deus em detrimento de uma relação de pai e filho, pautando minha espiritualidade. Felizmente, durante esses três anos minha mãe só nos levou uma vez a esse confortável passeio pela Via Sacra.

Lembro-me de ganharmos terços de plástico, daqueles baratos, que você compra na feira de utensílios sagrados, imagens e correntes com crucifixo na porta do templo. Fico pensando na similaridade desse cenário com aquele em que Jesus "desce o pau" nos comerciantes que estão em volta do Templo de Jerusalém. Chicotes à parte, eu deixava meu tercinho azul sempre enrolado na cabeceira da cama. Aprendi, no pouco tempo de Catequese, que precisava rezar o terço diariamente para fortalecer a fé. Um católico profissional poderá corrigir, mas, pelo que me lembro, deveria rezar seis Pais-Nossos e cinquenta e três Aves-Marias, percorrendo as bolinhas da corda para não perder a conta. Nunca consegui rezar o terço inteiro, por mais que eu me esforçasse para parecer um bom garoto diante de Deus. Eu, simplesmente, não conseguia cumprir com esses rituais e tradições. Talvez isso diga muito sobre mim. A dificuldade de me deleitar em liturgias e tradições religiosas é algo que me perseguirá não só no Catolicismo.

Quem sou eu para dizer alguma coisa sobre a Igreja do Papa? Nunca fui batizado e, quando criança, vivia com medo de morrer sem o santo sacramento e passar a eternidade no limbo. Nunca completei a catequese. Nunca recebi a Crisma. Jamais me confessei ao padre. Não consegui terminar de rezar o terço uma vez sequer. Só mais tarde fui descobrir que ele era apenas a terça parte – o óbvio – do Rosário. Até aqui pode parecer que não extraí nada de bom da tradição católica. Isso não é verdade. Mas só percebi isso quando entrei de cabeça no mundo evangélico.

E começa a guerra santa ou De quando passei a enxergar em preto e branco

Com a morte do meu pai, que era o provedor da casa, tivemos que nos mudar de Trindade para a minha cidade natal, no interior do estado, onde morava a maioria dos familiares da minha mãe, inclusive minha avó evangélica. Foi lá que aceitei Jesus pela primeira vez, em um culto da Igreja do Evangelho Quadrangular. Mas não foi minha avó quem me carregou até lá, foi meu primo que, aos dez, um ano mais novo que eu, já era cantor evangélico, vestido com terno e Bíblia debaixo do braço; um prodígio gospel.

Diferente da igreja da minha avó, a Assembleia de Deus, onde me levava sempre que passava as férias com ela, a Congregação onde meu primo cantava era mais atraente e jovial. Digamos que só o fato de os homens não se sentarem separados das mulheres já era um ponto a favor. Os cultos eram mais fervorosos, a música, mais agradável – pelo menos para um garoto como eu, que amava os Beatles e os Rolling Stones.

Como a devoção da minha mãe foi embora da mesma forma como viera, cedi ao meu primo pregador e passei a frequentar aquela igreja. Foi lá que aprendi que os católicos adoravam Maria e idolatravam os santos, venerando suas imagens. Uma desobediência a três dos dez mandamentos:

> *Não terás outros deuses além de mim;*
>
> *Não farás para ti imagem esculpida, nem figura alguma do que há em cima no céu, nem em baixo na terra, nem nas águas debaixo da terra;*
>
> *Não farás para ti nenhum ídolo, nenhuma imagem de qualquer coisa no céu, na terra, ou nas águas debaixo da terra. Não te prostrarás diante deles nem lhes prestarás culto.*

– Onde?

Havia descoberto a verdadeira Igreja do Senhor e tendo absorvido esse discurso, foi natural que eu saísse por aí o reproduzindo. Começava minha guerra santa contra a pobre Maria, mãe de Jesus, e os santos católicos. Após aprender a pentelhar a fé alheia, em um desses cultos, em que convidam os arrependidos a entregar sua vida a Cristo, eu levantei a mão e me arrependi dos meus pecados – de menino – e aceitei Jesus como Senhor e Salvador. Pronto, agora eu era evangélico. Melhor, eu estava salvo; posição que nunca havia ostentado como espírita ou católico. Foi uma das primeiras vezes que achei ter sido liberto e conhecido a verdade.

Absorvi os trejeitos, jargões, posturas e pensamentos típicos de um evangélico médio. Passei a fazer dicotomia com a vida. Categorizava as coisas como de Deus ou do mundo, do Diabo. Passei a ver a vida em preto e branco. Deixei de consumir cultura do mundo para consumir cultura gospel. Isso me lembra de um dia, do qual me envergonho até hoje, quando visitamos um adolescente recém-chegado à igreja. Fazíamos isso para dar aquela pinta de galera de Deus descolada para manter os adolescentes motivados a frequentar as reuniões. Mas, na verdade, tudo não passava do mais descarado proselitismo. Enfim, na casa desse garoto eu vi um livro volumoso e, curioso, peguei-o para dar uma olhada. Era *O Senhor dos Anéis, Volume Único*. Perguntei se ele estava lendo e acenou que sim. Então indaguei se já havia lido toda a Bíblia. Quando acenou que não, comecei a exortá-lo por estar gastando tempo lendo um livro mundano tão extenso como aquele ao invés de estar lendo a Palavra de Deus. Espero que ele não tenha se importado, porque acho J. R. R Tolkien mais talentoso que o Espírito Santo.

Quem fala demais dá bom dia ao Espírito Santo ou A noiva incendiada

Em pouco menos de um ano meu primo foi embora para Goiânia. Sozinho, parei de ir à igreja. Quando minhas irmãs passaram a frequentar a Igreja Cristã Evangélica com algumas amigas, minha mãe pediu que eu as acompanhasse para vigiá-las. Elas deixaram de frequentar os cultos, voltaram para o mundo e eu fiquei e aceitei Jesus como meu Senhor e Salvador de novo.

Era uma denominação tradicional, diferente da igreja em que meu primo cantava, mas não tão conservadora quanto à igreja da minha avó. Lá, conheci pessoas que foram muito importantes em minha vida. Nessa igreja eu realmente tive um crescimento espiritual consistente.

A igreja me pagou um curso de bateria. Os jovens que integravam o grupo de louvor – chamávamos assim a banda de música da igreja – já estavam naquela fase de ir para a capital para estudar e trabalhar. Com isso, a igreja decidiu investir em alguns adolescentes. Logo, eu estava tocando bateria junto aos meus amigos, que também seguiram o mesmo caminho, cada um com seu instrumento. Éramos a equipe de louvor da igreja. Como levitas do Senhor, sabíamos que o lugar que ocupávamos era muito importante porque era o Ministério de Lúcifer, antes de se rebelar contra Deus e ser expulso do céu. Por isso, sofríamos grande pressão para prezar pela santidade. Em seguida, o pastor nos convidou para o batismo. Eu nunca tinha sido batizado e fiquei muito contente. Havia um pequeno curso para que entendêssemos o significado do batismo. Foi aí que aprendi que era um sinal de arrependimento. Bom, segui a cartilha e tive um batismo "old school"[33] em um rio da cidade.

Foram sete anos doando meu tempo, minha juventude, meus talentos e meus sonhos à igreja, sob o pretexto de servir a Deus. Frequentava todos os cultos durante a semana e fins de semana. Culto de jovens no sábado à noite. No domingo, escola bíblica pela manhã e culto da família à noite. Participava dos ensaios da equipe de louvor ao sábado e domingo à tarde. Se nesses anos eu faltei duas ou três vezes à Escola Bíblica Dominical foi muito.

Eu realmente era separado das coisas do mundo, do tipo que só fazia amizade com fins de evangelizar. Eu e meus amigos mais chegados éramos referências de adolescentes cristãos, santos e comprometidos. Nossa galera, como sendo a nova geração da congregação, começou a flertar com os movimentos gospel importados de outros países. Como éramos a equipe de louvor, os levitas, naturalmente os primeiros sinais de avivamento começaram por nós, jovens facilmente influenciados pela moda. Começamos devagar, rompendo com hinos tradicionais e trazendo as músicas mais recentes de ministérios de louvor que estavam em voga. A gritaria e o fervor estavam chegando naquela comunidade, que iria seguir na contramão da denominação. Queríamos que a igreja deixasse de ser fria para ser incandescente. Isso era apenas um conflito de gerações. Começa um novo tempo para aquela pequena comunidade e, como dizia uma das canções febre na época:

---

[33] "Old school" é um termo utilizado para chamar coisas à moda antiga, algo que era utilizado há muito tempo e hoje já não é mais moda, que já está antiquado, mas que para alguns continua sendo legal utilizar.

> *O tempo de cantar chegou / o tempo de dançar chegou / E Ele vem, e ele vem saltando pelos montes / E os Seus cabelos, os Seus cabelos são brancos como a neve / E nos Seus olhos, e nos Seus olhos há fogo / Incendeia Senhor a Tua noiva / Incendeia Senhor a Tua igreja / Incendeia Senhor a Tua casa / Vem me incendiar.*

A experiência de avivamento na igreja foi algo bastante cansativo. Éramos jovens sedentos pela presença de Deus, queríamos ser Sua casa favorita, estar diante do trono. Éramos caçadores e descobridores de Deus, dávamos bom dia ao Espírito Santo, fazíamos questão de ter intimidade com o Pai. Falávamos em línguas estranhas, ou língua dos anjos, chorávamos enquanto ministrávamos o louvor – às vezes deixando a congregação constrangida. Arrepiávamo-nos. Existiam aqueles que nadavam no piso da igreja, quer dizer, nadavam no rio do Senhor, os que rodopiavam e dançavam desajeitadamente. Outros desfaleciam no chão gemendo orações. Fazíamos tudo isso com o pretexto de sermos adoradores extravagantes.

Se o saldo do avivamento que trouxemos, ou seja, que Deus derramou foi positivo, eu não sei. Mas houve aumento significativo de jovens frequentando, batizando e participando freneticamente da agenda da comunidade. Nesse período, além de ser levita do Senhor, eu era professor na Escola Bíblica Dominical para adolescentes, tinha a chave da igreja, dava aulas de bateria e até ministrava cursos bíblicos para as "Irmãs em ação". Pregava nos cultos de jovens e participava do grupo de evangelização por meio de artes cênicas. Eu estava tão entregue que tinha sérias pretensões de cursar um seminário para me tornar pastor. Por sorte, a proximidade com o pastor e sua esposa me deu uma perspectiva do que eu teria que renunciar ou tolerar caso escolhesse apascentar ovelhas.

Este mundo tenebroso ou Estava com o demônio no couro

Eu não me contentava apenas com as pregações, campanhas, cultos de estudo bíblico e Escola Bíblica Dominical. Fazia questão de sempre pegar emprestado livros da biblioteca do pastor. Esse hábito começou quando eu achei largado no púlpito da igreja o livro *Ele veio para libertar os cativos*, escrito por Rebecca Brown. Dei uma rápida folheada e logo no início estava escrito:

> Atenção!
>
> SATANÁS NÃO QUER QUE VOCÊ LEIA ESTE LIVRO!
>
> O que o torna um dos livros mais difíceis que você já tentou ler!.[34]

Challenge accepted. Achei a leitura muito intrigante, com toques de suspense, terror e conspirações espirituais. Calhou com o gosto por filmes de terror, mas aquilo era real. Eu acreditava mesmo em Satanás, demônios, batalha espiritual e coisas desse tipo. Interessei-me bastante por demonologia e escatologia. Lia tudo quanto era livro sobre esses assuntos e quase fiquei paranoico. Eu procurava encaixar tudo que acontecia nessa guerra espiritual entre o bem e o mal. Passei a viver em um mundo tenebroso, cheio de anjos e demônios lutando e influenciando cada evento ou atitude do nosso plano. Criticava filmes como sendo satânicos, rechaçava desenhos, músicas e apontava mensagens subliminares em tudo. Perdi a oportunidade de apreciar muita coisa boa por causa dessa visão em preto e branco. Com esse olhar de dicotomia, várias vezes eu orava e repreendia demônios nas pessoas. Algumas só estavam bêbadas ou histéricas, mas nós vemos o que queremos.

Como ministro de louvor, vivia com medo daqueles profetas que têm a mania de revelar pecados das pessoas no meio da roda de oração, principalmente quando eu cometia o meu pecado mais grave: bater punheta. Como é de praxe cristã, pecados sexuais são sempre os mais alarmantes, os que derrubam pastores e líderes religiosos. Vaidade, ira, inveja, avareza, mentira e outros pecados comuns parecem não causar a mesma celeuma. Imagine um adolescente transbordando hormônios, lutando contra a prática onanista. Sempre evitava me masturbar nos dias que antecediam o final de

---

[34] BROWN, R. **Ele veio para libertar os cativos**. [s.l.] Dynamus, 1996.

semana para que eu tivesse tempo de me arrepender e pedir perdão a Deus antes de tocar no momento do louvor. Eu era um canal de Deus para a igreja e, portanto, deveria ser um duto limpo. A religião parece induzir esse mecanicismo na espiritualidade. O perdão e o pecado acabam se tornando coisas pragmáticas, e o caminho para a hipocrisia fica fácil. Cheguei a ter que manter uma máscara de irrepreensível porque já era visto assim. Pessoas se espelhavam em mim e o custo de mostrar humanidade era alto demais. Ao longo do tempo aprendi que é preferível ser visto como pecador pelos santos e santo pelos pecadores. Qualquer caminho que me revelasse frágil, errante e pequeno era melhor que ser um super-crente hipócrita.

Certa vez, um pastor famoso por fazer shows de cura e libertação fez um *tour* em nossa igreja. Uma atração de fora era a certeza de casa lotada. No primeiro culto, mostrou a que veio. O pastor profetizou, expulsou demônios e curou caroços, mas eu jamais poderia esperar o que viria a seguir, depois de ter ficado uma semana sem masturbação, consagrando-me para o fim de semana, para tocar na igreja sem remorsos. Ele chamou as pessoas na frente do altar. Foi quando ele impôs a mão sobre minha cabeça e começou a orar. O grupo em volta estava gritando orações ininteligíveis. Então, disse que havia um demônio na minha vida desde a infância e que era ele que causava confusão em minha mente. Segundo o pastor, esse demônio estava com os dedos e as garras segurando minha fronte. Ele chegou a dizer que dava para ver os sulcos em minhas têmporas por causa da força com que o demônio apertava. Pediu para a pessoa ao lado confirmar a visão. Era uma das jovens da igreja, que depois me confirmou que dava para ver as cavidades em minha cabeça. O pastor disse que o demônio havia sido expulso, mas como vocês poderão perceber, acho que esse demônio só foi dar um passeio e voltou com mais sete companheiros.

E se a igreja fosse uma Matrix? ou De quando escolhi não tomar a pílula azul

Depois de viver bons momentos com amigos da igreja, tinha chegado a minha vez de passar o bastão no ministério de louvor. Com dezessete anos me mudei para Anápolis, para morar com meu primo. A ideia era iniciar uma faculdade e trabalhar, coisas desse tipo com que os jovens têm que se preocupar.

Longe da comunidade a que me dediquei tanto, passei a frequentar a mesma igreja que meu primo. Uma igreja presbiteriana avivada, mas com o ritmo da cidade e desafios seculares a superar, a igreja não ocupava tanto tempo quanto antes. Não esmorecemos por causa disso: passávamos horas no quarto em oração e adoração, estudávamos a Bíblia, líamos livros cristãos etc. Eu, meu primo e os amigos dele, que também se mudaram para a cidade, fundamos um ministério de louvor chamado *Adoração em Plenitude*. Começamos a ministrar em igrejas de Anápolis e arredores, participar de eventos, acampamentos e congressos evangélicos. Aspirávamos à gravação de CD e tudo mais. Tocávamos canções autorais, pregávamos, soprávamos e derrubávamos a multidão.

Ainda com a rotina de estudar a Bíblia, comecei a ler autores mais distintos. Tudo começou a mudar quando li *Decepcionado com Deus*, do jornalista e escritor Philip Yancey.

> De vez em quando a mente de um homem [sic] se expande por causa de uma nova ideia ou sensação e nunca mais volta ao tamanho anterior.[35]

Minha cabeça explodiu! Era um livro muito diferente dos que eu estava acostumado. Era sóbrio, coerente, contundente e honesto. Uma análise entre a relação do sofrimento humano e Deus, mas sem fugir do desabafo, da dúvida, da raiva, da decepção e do questionamento. Isso abriu minha mente para um Cristianismo

---

[35] HOLMES, O. W. **The autocrat of the breakfast table**. New York, NY, E.U.A.: Sagamore Press Inc., 1957.

realista, sincero e com espaço para dúvidas. Devorei os outros livros do escritor, como *Maravilhosa Graça, Encontrando Deus nos lugares mais inesperados, Alma sobrevivente*, entre outros. Por meio de Yancey conheci outros autores, que foram muito importantes em minha jornada espiritual, como C. S. Lewis, Chesterton, Brennan Manning e tantos outros. Eles me ajudaram a me tornar um cristão pensante. Não demorou muito tempo para que eu voltasse a questionar minha crença e a estrutura sob a qual ela estava.

Com sérias dúvidas sobre o modelo da igreja, os dogmas, as tradições, os rituais e as teologias, eu fui aos poucos buscando estudar melhor as origens das primeiras igrejas, lendo sites e blogs de cristãos que também questionavam a Igreja moderna e seus excessos. Conheci vários blogs que me levaram a outros blogs e comecei a perceber que havia uma comunidade virtual compartilhando e trocando experiências, dúvidas, questionamentos e histórias. Em uma dessas leituras, alguém cuja alma está perdida em uma bacia recomendou o livro *Cristianismo pagão: a origem das práticas de nossa igreja moderna*, de Frank A. Viola.

Minha cabeça explodiu outra vez! Tive as vendas retiradas dos meus olhos. Havia conhecido a verdade por trás de todo aquele sistema de controle. Oportunamente, o autor usa o enredo do filme Matrix como metáfora para o que propõe, citando um dos diálogos mais memoráveis da película:

> Se você tomar a pílula azul a história acaba e você acordará em sua cama, acreditando no que quiser acreditar. Se você tomar a pílula vermelha ficará no País das Maravilhas e eu te mostrarei até onde vai a toca do coelho[36]. (Morpheus para Neo, no filme *Matrix*).

Eu poderia escolher não saber a verdade por trás do *status quo* da igreja atual e continuar sendo apenas mais uma ovelha obediente, seguindo como todos os outros as teologias e dogmas vomitados

---

[36] WACHOWSKI, L. et al. **The matrix**, 1999.

pelos líderes, pastores, bispos, apóstolos e "vice-deuses" cristãos. Se escolhesse a pílula azul, seria aquele crente de domingo, achando que está tudo bem, tudo normal, tudo como deve ser. Não foi o que fiz. Eu escolhi tomar a pílula vermelha, conhecer a verdade e ser liberto por ela.

E se a igreja fosse uma Matrix? E se você for escravo desse sistema de controle? E se o Evangelho que te ensinaram foi convenientemente distorcido?

Foi, então, que decidi criar o blog *Tomei a pílula vermelha*,[37] para compartilhar e desabafar descobertas inerentes à minha fé, religião, crenças e convicções. Já era um leitor assíduo de vários sítios na web que me despertaram curiosidade e incômodo. Curiosidade porque sempre gostei de aprofundar minhas ideias, princípios e crenças. Evitava acreditar em coisas sem respaldo lógico, pesquisa e análise. Assim pensava não incorrer em argumentos vazios, de conhecimento tácito. Por meio do blog conheci muita gente que se identificava com os textos, vários relataram que foram despertos por meio das minhas reflexões sobre Deus, religião, igreja e espiritualidade.

A transformação pela qual passei no período em que mantive o blog foi muito grande. Quanto mais lia, mais escrevia e refletia. Eu me sentia como um escravo que conseguiu escapar de uma prisão invisível, que me fizeram acreditar que não era real, ou que foi mascarada como sendo a casa de Deus, o corpo de Cristo. A relação entre Matrix e a instituição igreja ou a religião foi muito útil para que entendesse os mecanismos e poderes dos quais eu precisava me libertar.

> Matrix é um mundo que jogaram diante dos seus olhos, para deixá-lo cego quanto à verdade: que você é um escravo.[38] (Morpheus para Neo, no filme *Matrix*).

---

[37] Embora eu não mantenha o blog Tomei a pílula vermelha desde 2010, preferi deixá-lo no ar e abandonado para que sirva de registro, destinado àqueles que possam aproveitá-lo de maneira ou outra. Apesar de eu ter mudado bastante e não me reconhecer mais em meus textos, acho que serve para os cristãos que queiram pensar a própria fé.

[38] WACHOWSKI, L. et al., op. cit.

Passei a enxergar a igreja como uma instituição falida, de homens que se desviavam da proposta simples das boas novas de Jesus Cristo. A igreja como instituição que gira em torno de si mesma, que suga a alma, a energia, os talentos e o tempo de seus membros era um sistema a ser combatido. Não era o modelo bíblico e não servia para o que a igreja deveria servir. Passei a ver a religião como uma prisão, como a representação de tudo pelo qual Jesus havia lutado contra.

> Matrix é um sistema. Este sistema é nosso inimigo, mas quando estamos dentro dele, o que vemos? Homens de negócio, professores, advogados, marceneiros, as mesmas pessoas que queremos salvar. Mas até conseguirmos, essas pessoas fazem parte do sistema. Isso faz delas nossas inimigas. Você deve entender que a maior parte dessas pessoas não está pronta para acordar, e muitos são tão inertes, tão dependentes do sistema, que vão lutar para protegê-lo.[39] (Morpheus para Neo, no filme *Matrix*).

Por mais que eu tentasse explicar que a igreja institucional era uma redoma para manter as pessoas alimentando o sistema religioso, elas só poderiam enxergar se quisessem abrir os olhos para o cenário real: um deserto cuja Igreja era uma miragem iludindo aqueles que tinham sede de Deus.

> Você é um escravo, como todo mundo. Você nasceu em um cativeiro, nasceu em uma prisão que não consegue sentir ou tocar. Uma prisão para sua mente. Infelizmente é impossível dizer o que é Matrix. Você tem de ver por si mesmo.[40] (Morpheus para Neo, no filme *Matrix*).

Tornei-me um "desigrejado". Defendia a simplicidade das igrejas dos primeiros dias, que se reuniam nas casas, compartilhavam tudo entre si, que não "pagavam" dízimo, não precisavam de templos luxuosos, placas com denominações ou de outra estratégia de *marketing* a não ser o amor. A religião era um fardo e queria que,

---

[39] WACHOWSKI, L. et al., 1993.
[40] WACHOWSKI, L. et al., 1993.

como eu, as pessoas se livrassem desse jugo. Eu não passava de mais um militante intolerante. No entanto fui evoluindo e entendendo que não precisava convencer ninguém. Aos poucos perdi a necessidade de congregar, de fazer parte de um grupo de pessoas que se reúnem para ler a Bíblia, cantar, conversar e pregar uns aos outros. Fui lendo mais, conhecendo outros pontos de vista, outros argumentos e ponderações que me fizeram menos radical em relação à Igreja institucional. Afinal, se há gente feliz nas igrejas, por que eu deveria enfiar goela abaixo a pílula vermelha? Qual a diferença disso com o que haviam feito comigo?

Que comunhão tem a luz com as trevas ou E foi assim que me casei virgem

Sempre tive dificuldade em passar tempo orando e meditando. Abandonar devocionais e hábitos, como oração, jejum, entre outros, não tinha relação com a minha preguiça em relação aos ritos e liturgias. Acho que essas coisas foram perdendo sentido aos poucos. Era como se depois de muito tempo gritando à boca de uma caverna esperando alguém responder você percebesse que ninguém está lá dentro e tudo que pensou ser resposta não passou do seu próprio eco. Mas eu deixei essa suspeita em *stand by*.

Mesmo não frequentando a igreja, ainda era cristão convicto e guardava a maioria dos princípios evangélicos. Como, por exemplo, a castidade. Não era um simples desviado, como acusavam. Pelo amor de Afrodite, que desviado iria fugir da beleza, do amor e do sexo? Ao contrário de muitos que frequentavam a igreja, eu, realmente, seguia firme na filosofia "Eu escolhi esperar". Ainda levava muito a sério minha vida com Deus, apesar da minha incompatibilidade com a igreja.

Ainda tínhamos o Ministério de Louvor Adoração em Plenitude e éramos muito comprometidos com a santidade. Entretanto, eu gostava de flertar com as meninas das igrejas mesmo sabendo que não iria até o fim. Nem sequer chegava a beijá-las. Afinal, "ficar" era errado. Então ia até a porta do pecado e ria na cara do perigo. Depois de todos esses esforços de monge, eu acabava tendo que apelar para a quiromania.

Foi em um desses "galanteios esportivos" com minha vizinha de apartamento – nessa época, eu ainda morava com meu primo – que me vi em uma situação deveras complicada, pondo em risco toda a consagração do nosso Ministério de Louvor. Comecei a paquerar de longe essa menina meiga, tímida e bastante reservada. Mas, como de praxe, sem a intenção de levar o flerte até o fim. Gostava só de ensebar mesmo. Das garotas com quem eu estava flertando, a que eu mais gostava era essa vizinha. Eu era amigo da mãe dela e conversávamos bastante pelas janelas. Ela tinha percebido que estava rolando um pequeno romance entre a filha e eu, e resolveu intervir.

Convidou-me até o apartamento e lá estava toda a família reunida. A mãe começou a jogar conversa fora até chegar ao ponto de mencionar que percebeu que estávamos querendo namorar. Nesse momento eu já estava suando frio porque isso era simplesmente o que eu não queria. Ainda mais pelo fato de que eles eram católicos. Eu, evangélico, não poderia namorar uma mundana. Mesmo sem reação, deixei-me levar pela situação. A mãe disse que deixaria que namorássemos porque eu era um rapaz quieto, honesto, trabalhador, sem amizades ruins etc. Meu coração estava na boca e eu não sabia o que fazer. Aparentei que estava contente com o encaminhamento, despedi-me com beijinho no rosto da minha nova namorada e voltei para contar o ocorrido ao meu primo.

Ele surtou, exortou-me por ela ser católica, dramatizou o impacto que isso teria no Ministério de Louvor e reforçou ainda mais o conflito que eu mesmo já estava sofrendo. Afinal, luz com trevas não combinam. Eu não poderia seguir com esse namoro, não era de Deus. Durante a noite eu refleti bastante, pensei em passar um mês sendo um babaca e fazer com que ela pulasse fora, mas isso seria muito errado. Enchi o peito e decidi que iria terminar o namoro no dia seguinte.

Cheguei do trabalho, bati na porta e chamei as duas para conversar. Descemos até um banco no condomínio. Comecei a falar que tinha refletido bastante sobre o namoro e que não estava pronto. Ela era muito nova também. Argumentei que ainda estava fazendo faculdade e precisava focar nos estudos. A menina não ficou nem pra ouvir o resto das minhas enrolações e subiu aos prantos, deixando a mãe e eu. A mãe logo subiu e disse que iria acalmar e conversar com a filha.

No outro dia, as janelas da vizinha estavam com películas escuras. O pai, o irmão, a irmã e ela não queriam nem cruzar comigo nas escadas. A mãe da moça me pediu que os evitasse, pois estavam todos furiosos comigo. No dia em que tínhamos começado a namorar, eles haviam ligado para toda a família contando a novidade. Imagina a polêmica quando, no dia seguinte, tiveram que dizer que eu havia terminado o namoro! Mas, ao contrário do que argumentei sobre não estar pronto, a mãe achou que dizer que eu estava interessado em outra garota seria mais plausível. Seguiram-se dias muito constrangedores, tentando evitar encontrar com cada um deles, exceto a mãe, que ainda continuou me cumprimentando e, às vezes, conversava comigo. Depois disso, eu fiquei muito pesaroso por perder a amizade deles e ter feito o que fiz. Ao longo de quatro meses, após o namoro de um dia, percebi que gostava da garota. Sentia falta de flertar com ela, trocar galanteios.

Então comecei a questionar por que seria errado eu namorar uma católica que era muito mais santa que algumas evangélicas que conhecia. Namorar uma evangélica safadinha não seria problema para a igreja, mas se a menina é católica já é automaticamente uma pecadora. Passei a refletir sobre o assunto, pesquisar e ler argumentos bíblicos que usavam para dizer que luz com trevas não devem se misturar, que não deve haver jugo desigual. Depois de muito orar, ler a Bíblia e pensar no assunto, cheguei à conclusão de que tudo isso era bobagem. No mês de dezembro, a família dela veio me pedir perdão. Foi um soco no estômago. Isso abriu uma nova oportunidade e como, dessa vez, eu queria mesmo namorar minha vizinha, pedi oficialmente aos pais da garota para namorá-la. Disse que agora me sentia pronto e pedi a confiança deles para uma segunda chance. Ficaram alguns dias apreensivos e não anunciaram o namoro para ninguém dessa vez, claro.

Apesar de eu ter me libertado de mais um dogma, fui genial e mantive o "escolhi esperar". Depois de cinco anos de namoro, comprei alianças de prata com a palavra Santidade gravada e nos casamos "donzelos". Não recomendo que façam isso. É um trabalho para profissionais, ou ineptos. No final das contas, por causa de uma doutrina tão intolerante, eu quase deixei de me casar com uma mulher maravilhosa.

Aos poucos fui me libertando de várias prisões que ainda restavam. Saindo de uma matrix dentro de outra, que estava dentro de outra matrix. Não me encontrei em nenhuma religião. O blog passou a não fazer sentido. Não tinha mais tesão por escrever sobre Deus, igreja ou espiritualidades. Decidi parar de escrever para conhecer a mim mesmo, pois estava com mais dúvidas do que respostas – olha o demônio da confusão aí. Meu primo Daniel Babugem disse uma vez: "Independente de você encontrar respostas para suas perguntas, encontre melhores perguntas para sua existência!".

Quando crianças, meu primo e eu dizíamos que não nos imaginávamos desviados da igreja ou longe de Deus. "Sabem de nada, inocentes!", eu diria para aqueles dois meninos, se tivesse um DeLorean DMC-12 para voltar no tempo. O que aqueles dois crentezinhos, que sonhavam em ganhar o mundo para Jesus, diriam se soubessem que no futuro descobririam que sexo é a melhor invenção do Diabo, que cerveja é a obra-prima dos monges e a religião é o pior passatempo que uma pessoa poderia escolher?

Parafraseando Epicuro, se Deus pode acabar com o mal, mas não quer, é monstruoso; se quer, mas não pode, é incapaz; se não pode nem quer, é impotente e cruel; se pode e quer, por que não o faz?[41]

---

[41] EPICURO apud LACTÂNCIO, L. C. F. **De Ira Dei. ca 318 A.D.**

Comecei a duvidar dos atributos de Deus. Você olha para como o mundo funciona e não consegue encaixar Deus no meio disso tudo sem parecer incoerente. As premissas bíblicas se tornaram muito frágeis e inconsistentes para mim. Com tantas religiões e crenças diferentes no mundo, era desconfortável escolher uma delas e pretensamente dizer que era a verdade verdadeira – com a licença do pleonasmo. Eu resisti por um bom tempo até me perceber ateu. Dizia que era indiferente ou agnóstico. Depois de todo esse caminho, eu estava com receio das certezas, não queria ostentar mais uma. Embora não possa asseverar, e acho que ninguém pode em termos de método científico, eu me percebi vivendo em um mundo sem Deus, tanto quanto vivemos em um mundo sem Zeus. Passei a achar que a única diferença entre Deus e Zeus é que este perdeu sua vez na História. No entanto, como todo crente precisa provar sua fé em Deus, eu também tive que provar a falta dela.

Não existe ateu quando o avião está caindo

Sabe aquela história de "na hora que o avião está caindo ninguém é ateu"? Pois, então, nunca passei maior medo em minha vida como em um voo que fiz a trabalho. Estava aproximadamente na metade da viagem quando começa um odor de queimado na aeronave. *Puta que pariu!* Não é um carro que você pode encostar e descer. Estava fedendo queimado a não sei quantos "trocentos" pés de altura e ainda faltava uma hora de voo. Quando o odor foi claramente perceptível para todos, o avião começou a descer rapidamente. Senti aquele frio que começa embaixo e vai subindo a espinha. *Puta que pariu!* Nem eu, que geralmente consigo manter certa frieza em situações tensas, escapei de gelar até a alma, com uma discreta tremedeira. Fiquei tentando ler sinais nas comissárias de bordo à procura de qualquer esboço de preocupação. Elas, sendo abordadas a todo o momento com dúvidas de passageiros assustados. Ao meu lado, já estavam naquela posição que recomendam, com a cabeça abaixada entre as pernas. Bom para quem tem essa flexibilidade.

O avião parou de descer bruscamente. O comandante se pronuncia e diz que estão cientes do odor de queimado. Explica que houve um problema com alguma coisa envolvendo óleo e que – a única parte que consegui ouvir claramente – os sistemas auxiliares estavam funcionando normalmente. Seguiu elogiando a aeronave espetacular. Depois disso, o odor foi se esvaindo e demorei a me sentir mais confortável para continuar minha leitura. Até o momento do pouso fiquei apreensivo, ainda esperando qualquer merda que decretasse meu último dia nessa tão controversa Terra. Fiquei feliz por saber que, se fosse o caso, teriam sido bons meus últimos momentos com minha amada esposa e com qualquer um dos amigos que prezo. Não haveria, pelo menos da minha parte, nenhum rancor ou assuntos mal resolvidos. Mesmo assim, ainda contaria com o tal clichê de que os mortos tendem fortemente a alcançar a posição de "era uma pessoa tão boa!".

Pousado o avião, ovacionado pelos passageiros, até ali com o cu trancado, parei e refleti que o único momento em que me lembrei de Deus nessa história foi de que não senti a mínima necessidade de clamar pela ajuda e proteção Dele, mantendo minha coerência metafísica intacta. E mesmo no momento mais "fodeu" da minha vida, eu vi que estou maduro o suficiente com minhas suspeitas sobre o sentido do universo, a vida e tudo mais. E bem resolvido com elas.

A melhor lição disso tudo não é se eu, na hora do "vamos ver", iria voltar atrás e pedir o perdão de Deus, Buda, Cristo ou Zeus. Não. A melhor lição é saber que eu amei – e me fiz claro quanto a isso mais em atitudes do que em palavras – as pessoas que fazem parte da minha ínfima e insignificante história neste planeta.

Olhando para trás é que percebo que só quando me permiti duvidar de Deus é que passei a me sentir livre de verdade. Pude questionar Deus e tudo que o representa. Diferente das outras vezes, em que eu dizia ser liberto, agora me sinto livre, sem ter que recorrer à autossugestão. Não preciso declarar que sou livre em Jesus, como fazia, porque não há cordas sobre mim. Ainda tenho minhas ideologias, minhas causas, mas não estão acima de mim. Não faço delas outra religião para incomodar os outros. O controle é meu e estou sempre disponível para mudar a programação. Posso extrair o que há de bom em todas as religiões e ideologias. Não estou preso a elas. Meu único foco é ser uma pessoa melhor. Mesmo ateu, procuro preservar ao menos os dons do Espírito Santo. Faço questão de me desconstruir, livrar-me de preconceitos e tentar coexistir com a diversidade. Ninguém precisa de religião para ser uma pessoa melhor. Empatia é um dos caminhos mais sublimes para o próximo. Não é necessário doutrina para isso, mas exercício.

> Se a única coisa que mantém uma pessoa decente é a expectativa de uma recompensa divina, então, irmão, essa pessoa é um merda. (Rustin Cohle, personagem na série *True Detective*, da HBO).

O que aprendi é que o que foi feito de bom por alguns cristãos não foi por interpretarem a Bíblia de forma "correta", e o que foi feito de mal por outros cristãos não foi por interpretarem de forma "errada". Com ou sem Bíblia, os bons praticam o bem e os maus praticam o mau. O que consigo enxergar de toda a história da humanidade é que só mudam as desculpas: deuses, profetas, textos e pretextos sagrados. A Bíblia e tantos outros textos sagrados não passam de uma desculpa. A questão é: você os usa como uma desculpa para ser bom ou para ser mau? Ou já não precisa de desculpas para ser quem é?

Alguém perguntou ao sr. K. se existe um deus. O sr. K. respondeu: "Aconselho a refletir se o seu comportamento mudaria conforme a resposta a essa pergunta. Se não mudaria, podemos deixar a pergunta de lado. Se mudaria, posso lhe ser útil a ponto de dizer que você já decidiu: Você precisa de um deus."[42]

Quando não conseguimos enxergar além de nossas ideologias ou religião, elas se tornam uma prisão. Se você prefere escolher a pílula azul porque acha que a ignorância é uma benção, dificilmente

---

[42] BRECHT, B. **Histórias do sr. Keuner**. Tradução de Paulo César de Souza. 2 ed. [s.l.]. 4, 2013.

se sentirá verdadeiramente livre e feliz porque, no fundo, você sabe que tudo não passa de um delírio que se repete de tempos em tempos sob disfarces díspares de ideologia, religião, militância, modelos econômicos e sociais para que você não perceba que é apenas uma pilha.

Depois de ter sido espírita, católico, protestante, evangélico, endemoniado, "desigrejado" e indiferente, graças a Ilúvatar,[43] sou agnóstico ateu e posso dizer com toda convicção que sou feliz sem Jesus.

Referências

BRECHT, B. **Histórias do sr. Keuner. Tradução de Paulo César de Souza**. 2. ed. [s.l.]. Editora 34, 2013.

BROWN, R. **Ele veio para libertar os cativos**. [s.l.]. Dynamus, 1996.

CHESTERTON, G. K. **The Victorian Age in literature**. [s.l.] CreateSpace Independent Publishing Platform, 2017.

EPICURO apud LACTÂNCIO, L. C. F. **De Ira Dei. ca 318 A.D.**

HOLMES, O. W. **The autocrat of the breakfast table**. New York, NY, E.U.A.: Sagamore Press Inc., 1957.

WACHOWSKI, L. et al. **The Matrix**, 1999.

---

[43] Eru Ilúvatar é um personagem fictício da obra *O Silmarillion*, de J. R. R. Tolkien. Ele é o Deus Supremo de Arda, o criador onipotente, tendo delegado, porém, a maioria de suas ações dentro da Terra (Eä) aos Ainur. Eru é uma figura importante em *O Silmarillion* e também em *Contos Inacabados*, mas não é mencionado diretamente em outros trabalhos de Tolkien, como *O Hobbit* e *O Senhor dos Anéis*, em que apenas é aludido como "o Único", no Apêndice A, que fala sobre a Queda de Númenor. O nome Eru significa "o Único", e Ilúvatar quer dizer, em élfico, "Pai de Tudo". Simbolicamente, é o equivalente do Deus abraâmico (Javé,Yahweh, Jehovah, Jeová, YHVH).

Capítulo VII

E A HUMANIDADE SE FEZ PROSA

Felipe Fanuel Xavier Rodrigues

— *Vô, quero tocar violão.*

— *Olhe e escute.*

Há vozes que falam de dentro. Ouvidos ou vidas escrevem o livro menos lido de todos, o qual permanece aberto. Já os tímpanos são como afinadores. Afinam dores conhecidas. Se nossos pais lutaram por uma fé que perdemos sem nunca termos herdado, então, aceitemos, a surdez não encontrou a cura. Enquanto isso, a revelação ainda habita o deserto. Não há superfície que resista ao nada, mesmo que tudo tenha o seu tempo. Acredite-se ou não, estamos todos indo para casa. Haverá paz, enfim, não no fim, pois gritos vão e voltam como ecos. No círculo, o dia acorda e dorme, no mesmo intervalo em que morremos. A morte nos mantém aqui.

Basta um suspiro para o céu se azular, todavia. Sonhamos com as alturas por medo do abismo. Um bom salto no escuro não passa de um mergulho com asas de pássaro. Seja dito que a força que nos devolve ao pó perdeu a batalha. A vitória conquistamos quando demos os primeiros passos. Caminhando, mudamos nossa condição de bastardos divinos. Jornadas fizeram da terra uma passagem. Assim, paisagens passam. Memórias se pintam. Sentimentos se sentem. Dúvidas são dívidas. Quanto menos andamos, mais perfeitas as nuvens ficam presas neste quadro. Cruzamos caminhos sem achar destino. Andarilhos se guiam pela cabeça na encruzilhada de portas: ouvem, veem, cheiram e degustam. E a humanidade se faz prosa em sua criativa idade.

Eva

A flor em minhas mãos não é a mesma que vi quando a arranquei do jardim. Uma filha lê o coração da mãe pelos olhos, mas não faz o caminho inverso. Você sabe que nunca fui como o seu pai, de mostrar o mundo carregando-lhe pelas mãos. Quando navegamos, sou sempre o barco, pois não fujo do fluxo das águas. Por isso, precisei sentir o espinho com o dedo indicador. Dor é como chuva: encosta e escorre. Dessa vez, lambi o escarlate. Tinha o gosto que faltava no almoço que você fez quando se foi. Queria ter dito a você para esquecer o medo de experimentar. A vida tem tantas portas abertas que não vale a pena perder tempo com fechadura. Sou o que sou, mas não sei me explicar com palavras. Quanto mais as aperto, mais elas escapam pelos dedos. O choro transforma meus olhos em oceano. Assim, deixo de enxergar esta terra que me lembra de onde você está. Se o mundo sempre foi um horizonte, habito o seu olhar. Mas não se perca no visível. A noite prepara um espetáculo para poucos ouvidos diariamente. Enquanto sonhos nos distanciam de frutos, o silêncio nos aproxima de estrelas. Todo esse escuro não passa de terra molhada. Tem o cheiro da minha infância. Cavava com as unhas até encontrar o barro, por meio do qual a imaginação insistia em vir à luz. Se o parto é uma partida, meus seios serão a sua saudade eterna do paraíso. Se quiser encontrá-lo, não pare de caminhar.

Adão

Esse mato todo aqui tem que ser arrancado. Não nasci sabendo. Foram anos até conseguir uma ferramenta boa. A enxada é assim. Você bate e ela entrega trabalho. Passo o dia todo pensando na vida. Cada lasca dessas esconde alguma história que se eu começar não termino de contar. Enxugo o suor com a roupa mesmo. Às vezes, a gente precisa parar, erguer o pescoço e descansar os braços. Suspirar também é bom. Alivia. Melhor ainda: assobiar. Tem sempre uma canção tocando aqui dentro. Meu pai fazia isso. Hoje eu não lembro bem da face dele, mas a música ficou. Ele trabalhava cantando com o bico. Filha minha sabe que quem planta, colhe. As mesmas mãos que escolhem as sementes arrancam os frutos. A labuta não é em vão. Olha o que eu estou falando. Se viver fosse fácil, ninguém nasceria tão frágil. Sua mãe sempre lhe presenteou com nomes e adjetivos, mas eu só encontro diminutivos para descrever você. Sua primeira imagem está aqui guardada e ninguém tira. Tão pequena! Não me esqueço do dia em que me tornei pai. Toda essa luta passou a fazer sentido. Saio de casa para trazer algo. Minhas perdas são seus ganhos. Se dizem que carne de homem não dá pastel, é verdade também que copo bom é copo vazio. Água, café, cachaça, o que você colocar ali, tem que tomar. O líquido vai para o seu corpo. A sede, por exemplo, é o quê? Um copo esvaziado. Seu corpo não dá duro para se encher. Ele foi feito para perder. Por isso que eu gosto de suar. Sei que estou cumprindo um dever. Meu combustível para muitos é fedor. Até não ligo quando caem umas gotas na marmita. Ou quando escorrem pelo rosto e eu sinto o gosto. Aí eu entendo por que prefiro o sal ao açúcar.

Caim

Precisamos conversar, Abel. Você nunca foi de ouvir a minha voz, mas agora, pelo menos, tenho o seu silêncio. Nasci primeiro. Mamãe fala do quanto se orgulhou quando viu que seu primogênito era um homem. O que me indigna, no entanto, é a falta de palavras da parte do papai. Tudo o que ele faz de melhor é trabalhar. Nada traz para casa além de um corpo vazio carregando vasos cheios. Não quis reduzir minha vida a movimento de braços. A sua morte é tudo o que eu tinha. A porta da história se abriu e eu entrei. Além do mais, alguém que sacrifica ovelhas aos deuses como você deveria estar disposto a ser ofertado em algum momento. O martírio talvez fosse o seu desejo mais íntimo. Para quê? Sua vida está destinada a ser um ponto final. Eu, porém, vivo perseguido por minha consciência. Fugir é a condição que me faz humano. Um lavrador sabe que a terra precisa ser alimentada para se tornar fértil. Criei o cemitério no momento em que o seu corpo se tornou uma semente. Precisava plantá-lo para que nascesse em mim outro Caim. Todavia, a morte que eu sempre desejei foi o assassinato do meu eu que insiste em querer ser você. Se sua eternidade mora em mim, sua existência é inextinguível. Como eu queria ter ouvido vozes de bruxas ao invés de mim mesmo! Não tendo a quem culpar, escolho ser sujeito para jamais ser sujeitado. Busco uma terra virgem, que ainda não seja manchada por seu sangue. Quando eu morrer, o mundo terá entendido que sem guerras não há impérios. Se a você foi dado o papel de gênio, com estas mãos, eu conquistei o Gênesis.

Abel

A vida renasceu em uma terra grávida, na qual sou negra, pintada, esculpida, cantada e dançada. Todos nascemos da mais bela arte. Vivemos em narrativas. Ninguém aqui morre, pois aprendemos que o mundo dá voltas. Minha família me fez órfã, mas o planeta é grande demais para apenas um Éden. Aprendi que a beleza será caçada por toda feiura, não importa em que época se esteja. Se a poesia é crucificada, ela também ressuscita ao terceiro dia. Nossa literatura não foi condenada à morte. Ela se vivifica em boca, narizes, olhos e ouvidos. Quando a utilidade quis nos habitar, não havia casas. Jardins se acomodam em olhares. Já este cheiro é de um prato que fiz.

Crio receitas com raízes e folhas. A fumaça é a primeira de todas as mágicas. Como todos os prazeres, banquetes são invenções divinas. Essa sabedoria eternal sempre pediu cuidado. Decidi entregar a terra à chuva, ao sol e às sementes. Moro em tribos. Falo milhares de línguas. Mastigo minhas refeições. Minha música não tem só sete notas. Sou a possibilidade, sem precisar dormir para sonhar. Meu céu é iluminado por uma lua e um oceano de estrelas. O deserto é meu refúgio. O vento, meu mestre. A neve sempre derrete. A vida nunca foi outra coisa. A aurora tem suas cores. Pássaros voam. Árvores frutificam. Répteis rastejam. Eu amo. Não começo nem termino. Apenas retorno a cada solstício.

Epílogo

Qual é a nossa grandeza? Se perguntarmos em pensamento, veremos que ainda lemos mitos porque nascemos para contar histórias. Walt Whitman considera Adão e Eva grandes quando abre os olhos: "Também olho para trás e os aceito".[44] Enquanto isso, griots mantêm tradições vivas pela boca na África, localidade em que "quando um velho morre, uma biblioteca se incendia".[45] Nessas três décadas de vida, entretanto, guardei o desejo de escrever com uma pena. No interior do mato dentro, como criança, penei para rabiscar com a pluma de galinha. Impossível!

A constante perda da capacidade de narrar nos empobrece. Quanto mais distantes de aves, porcos e bois, mais próximos estamos de *nuggets, bacon e bifes*. Não conhecemos mais os animais; mais ânimo nutrimos por hambúrgueres. Uma vez que narrativas não podem ser processadas como carnes, Walter Benjamin digere a indigestão cultural em questionamento:

---

[44] WHITMAN, Walt. **Folhas de relva**. Tradução de Rodrigo Garcia Lopes. São Paulo: Iluminuras, 2008. p. 204.
[45] BERNAT, Isaac. **Encontros com o griot Sotigui Kouyaté**. Rio de Janeiro: Pallas, 2013, p. 20.

Que foi feito de tudo isso? Quem encontra ainda pessoas que saibam contar histórias como elas devem ser contadas? Que moribundos dizem hoje palavras tão duráveis que possam ser transmitidas como um anel, de geração em geração? Quem é ajudado, hoje, por um provérbio oportuno? Quem tentará, sequer, lidar com a juventude invocando sua experiência?[46]

Um dos mais fundamentais artifícios humanos é o de vivificar a experiência por meio do relato. Se a narração colore nossas vivências, ela é o gênio que faz da vida uma atividade artesanal. A falta de conhecimento de nós mesmos não nos impede de ler um livro. Por outro lado, das nossas leituras pouco levamos além de números de páginas. Friedrich Nietzsche encontra no paladar da vaca a palavra que nos falta: ruminar.

Por sinal, a cultura iorubá já divinizou uma boca insaciável, Exu, "que devora tudo o que existe, mas que também regurgita, regenera e recria".[47] E o nosso tempo nos entrega uma poeta que se pinta com asas: "Sou um grande pássaro voando sobre altas montanhas, mergulhando em vales serenos".[48] Mitos são ruminados, regurgitados, regenerados e recriados por pássaros que cantam, apesar de terem sido presos em gaiolas. Ora, a ética não se divorciou da estética. Outrora tratados como objetos, sujeitos levantam sua voz: "Sou mulher negra. Sou forte./ Sou lutadora. Sou guerreira".[49] Eis uma sacerdotisa que incensa seus textos com bravura. Na batalha, sua palavra é armamento. Assim como na capoeira, o batuque prepara o corpo para a luta. Ainda novo, perguntei a minha mãe sobre a origem de nossa família. Perguntas exigem reflexão, mas há respostas que nos marcam para sempre. Ela afirmou: "Todos

---

[46] BENJAMIN, Walter. **Magia e técnica, arte e política**: ensaios sobre literatura e história da cultura. Tradução de Sergio Paulo Rouanet. 7. ed. São Paulo: Brasiliense, 2011. p. 114.

[47] CARDOSO, Vânia. Introdução. Mito e memória: a poética afro-brasileira nos contos de Mãe Beata. In: BEATA DE YEMONJÁ, Mãe. **Caroço de dendê**. 2. ed. Rio de Janeiro: Pallas, 2008. p. 15.

[48] ANGELOU, Maya. **Carta à minha filha**. Tradução de Celina Portocarrero. Rio de Janeiro: Nova Fronteira, 2010. p. 116.

[49] COSTA, Haroldo. **Mãe Beata de Yemonjá: guia, cidadã, guerreira**. Rio de Janeiro: Garamond; Fundação Biblioteca Nacional, 2010. p. 149.

viemos da África". Se é verdade que um poema "começa em prazer e termina em sabedoria", como notou Robert Frost,[50] então somos todos africanos.

Cantemos "We Shall Overcome". Sejam seus versos lidos com todos os sentidos. Incorporemos a poesia que se faz profecia. Estejamos no cativeiro babilônico, na cruz romana, na inquisição europeia, no massacre indígena, nos navios negreiros, no holocausto ou na et cetera. Festejemos, porque um dia venceremos.

As festas mais dionisíacas nos convocam para celebrar narrativas. As melhores celebrações em que estive foram caóticas. Um matuto pensa mais que muitas páginas ao questionar de onde vem, onde está e aonde vai. Na simplicidade de suas questões, reside a poesia da incerteza. Histórias de origem não iluminam. Apenas nos mantêm nas trevas. Os mitos nos devolvem o deleite de dançar no abismo. Em queda, nossos pensamentos têm a vocação de se descomporem. A imaginação sobrevive com as crianças enquanto nossa melhor ciência se esforça para ser útil. Sacrificamos a inutilidade para perder o fio da meada.

No naufrágio dos sentidos, há quem seja capaz de produzir o absurdo da defesa de Deus. Tais advogados do Diabo escrevem o atestado de óbito divino ao defenderem cadáveres. Com isso, mantêm as prerrogativas de administrarem o funeral de algum ídolo que os aprisiona em uma superfície. Sobre profundidades, entretanto, não quero respostas. Afinal, somos demasiadamente humanos para sabermos o suficiente para não sabermos nada.

Quem é Deus?

– Sou eu, é você e o ar;

as pedras, as folhas e a água;

– É o corvo, o leão, a gazela;

as crianças de rua para quem não existe justiça.

---

[50] Tradução nossa. **The figure a poem makes**. Disponível em: <https://tinyurl.com/THEFIGUREAPOEMMAKES>. Acesso em: 4 nov. 2018.

> – *Deus é o ar que nós respiramos,*
> *a gota de orvalho que pinga das folhas,*
> *a lágrima de uma mãe sofrida*
> *ao ver seu filho que não mais respira;*
> – *Isto é Deus, o mais você define.*[51]

Circular, nossa inteligência descortina uma paisagem que dilata. Se há mente aberta, há também cabeça dura. O mar atrai tanto quanto um riacho, ainda que jamais sejamos os mesmos a entrarem na água. A vida corre líquida em nós, assim como o pensar. Irradiamos inquietações enquanto esperamos.

A esperança está nos passos, em solo fixo e temporário ao mesmo tempo. Es-[pé]-r-[ar]. Andamos com um pé no chão e outro no ar. Trata-se de uma eterna tensão entre o já e o ainda não. Nesse ponto, encontra-se a dinâmica não só do pé, mas também da fé. Parece que a fé liberta nossos pés dos grilhões dos fatos. O Reino da Fé irrompe em um tempo diferente do tempo cronológico, com o qual estamos tão acostumados nos dias de hoje que olhamos mais para o relógio que para o céu. O Testamento Novo nos revela uma "plenitude do tempo", que na língua grega soa agudamente na palavra *kairos*. Esse é um tempo oportuno, qualitativo, o tempo de agir, em contraste com o grave *chronos*, que é o tempo quantitativo, o tempo do relógio, o tempo dos fatos mensurados. Arrisco a dizer que o chronos está para os vencedores da História ou para quem a controla, assim como o *kairos* está para os perdedores, os esquecidos, os oprimidos, ou seja, aqueles cujo único tesouro é a esperança. No *kairos*, ninguém é esquecido, todas as pessoas foram, são e serão lembradas. Na espera, as palavras fogem do seu lugar comum. Se assim é, podemos seguir, por exemplo, o percurso da palavra "Espírito". Seu nome em hebraico é *ruah*. Seu significado se afina como sopro, movimento de ar, hálito, vento. Soprados, somos lançados em caminhos. Encruzilhadas abrem direções que apontam para o mais fictício de todos os cenários, o porvir.

---

[51] COSTA, op. cit., p. 146.

O exemplo não passa de um exemplar. Se eu pudesse descrever a secura dos galhos dessa árvore, provavelmente não seria humano. A falta de olhos de árvore seca nos limita. Na limitação, o gesto que nos resta é a linguagem, embora o nome seja tudo, menos a coisa. Rompemos, pois, o silêncio que nos condenava. No trauma linguístico, somos libertos. O choro de um bebê que vem ao mundo ecoa em todos os ouvidos. O sonho da volta é sonhado na medida em que nosso cérebro se difrata.

Ressoante, a noite acorda algumas pessoas e lhes entrega suas reflexões. A maioria, no entanto, dorme sob os encantos de Morfeu. Ou somos hipnotizados por Hipnos ou roubamos fogo do Olimpo. Se os dicionários nos escondem que Sono é o nome de um deus, a mitologia nos ensina que há presentes divinos que ainda não abrimos. O fígado de Prometeu cobra a dívida que poucos pagam. Obedientes, não voamos tão perto do sol. Trocamos a perda de penas por travesseiros de penas. Em caixas, vivemos, morremos e nos enterramos. Por medo da queda, quebramos nossas asas.

Mesmo assim, ainda me lembro de quando consegui assobiar. A liberdade de produzir meus próprios sons foi alcançada após muitas tentativas. Os lábios, enfim, harmonizaram-se. Descobri que nem todo sopro se musicaliza, porque as orelhas escondem um diapasão. Hoje, a buzina de um trem soa como uma sinfonia de Bach. Aguço os ouvidos para auscultar memórias. De vez em quando, orquestras de pássaros ou instrumentos me devolvem a música que eu achei que havia perdido. Talvez um dia eu mude de vizinhança e reverbere a mesma poesia desta prosa: "Eu me descobri de repente vizinho dos pássaros; não por ter aprisionado um, mas por eu mesmo ter me engaiolado perto deles".[52]

Não é de hoje que sonho a dor. Um pesadelo bastou para eu não contar a ninguém a minha história. Todos queriam saber o que me assombrava tanto para eu ter acordado dizendo que um sonho

---

[52] THOREAU, Henry David. **Walden, or life in the woods**. [S.l.]: Pennsylvania State University, 2013. The Electronic Classics Series, p. 69.

tirou a minha paz. Não revelei o segredo, mas o guardei em algum daqueles becos mnêmicos que faz da psique uma psicanálise. Ralph Waldo Emerson revela coragem para admitir que "a dor nada me pode ensinar, nem levar-me um passo sequer para o interior da verdadeira natureza", muito embora "o sonho nos libera para o sonho e não há fim às ilusões".[53] Sonhadores animam mundos quando seus olhos veem aquilo que animam. Destarte, as causas sonhadas não são perdidas, como já observou um pregador: "Palavras não podem expressar a exultação sentida por um indivíduo que se encontra, com centenas de companheiros, atrás das grades por uma causa que ele sabe que é justa".[54] Minha escrita está condenada à prisão.

Eva, Adão, Caim, Abel, querem ser eu e você. Nos buracos dos textos sagrados encontro conversas que fazem personagens incorporarem nossa humanidade. Os mitos escrevem nossas leituras. As narrativas narram narradores. A letra não está morta. Fugindo do esclarecimento, desloco-me para o campo da descanonização de figuras. A literalidade deixa de ser um ponto final para se tornar o início. Às margens, o epílogo abre mais frentes que o conto. Assumo, pois, um espaço de fronteira.

A palavra latina fronteiro, de onde provém "fronteira", origina-se do termo fronte que, a rigor, significa "testa", "face", "fachada", "frente", "dianteira". É, antes de tudo, um lugar de frente, diante do qual se depara. Essa é a realidade de quem, no dia a dia, defronta, confronta, enfrenta e afronta interpretações. Vive-se nas fronteiras, em situações de tensão e movimento. Por sobrevivência, pratica-se uma constante travessia e transgressão, de modo que aparecem outros lugares não muito limitados, pois as fronteiras são sempre desafiadas pelo exercício de liberdade. Portanto, entre mitos e leituras, descubro prosa.

---

[53] EMERSON, Ralph Waldo. Experiência. In: CAVELL, Stanley. **Esta América nova, ainda inabordável**: palestras a partir de Emerson e Wittgenstein. Tradução de Heloisa Toller Gomes. São Paulo: 34, 1997. p. 128.

[54] KING, Jr., Martin Luther. **The words of Martin Luther King, Jr.** New York: William Morrow, 2014. p. 51.

Referências

ANGELOU, Maya. **Carta à minha filha**. Tradução de Celina Portocarrero. Rio de Janeiro: Nova Fronteira, 2010.

BENJAMIN, Walter. **Magia e técnica, arte e política**: ensaios sobre literatura e história da cultura. Tradução de Sergio Paulo Rouanet. 7. ed. São Paulo: Brasiliense, 2011.

BERNAT, Isaac. **Encontros com o griot Sotigui Kouyaté**. Rio de Janeiro: Pallas, 2013.

CARDOSO, Vânia. Introdução. Mito e memória: a poética afro-brasileira nos contos de Mãe Beata. In: BEATA DE YEMONJÁ, Mãe. **Caroço de dendê**. 2. ed. Rio de Janeiro: Pallas, 2008. p. 11-18.

COSTA, Haroldo. **Mãe Beata de Yemonjá: guia, cidadã, guerreira**. Rio de Janeiro: Garamond; Fundação Biblioteca Nacional, 2010.

EMERSON, Ralph Waldo. Experiência. In: CAVELL, Stanley. **Esta América nova, ainda inabordável**: palestras a partir de Emerson e Wittgenstein. Tradução de Heloisa Toller Gomes. São Paulo: 34, 1997. p. 123-148.

KING, Jr., Martin Luther. **The words of Martin Luther King, Jr.** New York: William Morrow, 2014.

THOREAU, Henry David. **Walden, or life in the woods**. [S.l.]: Pennsylvania State University, 2013. The Electronic Classics Series.

WHITMAN, Walt. **Folhas de relva**. Tradução de Rodrigo Garcia Lopes. São Paulo: Iluminuras, 2008.

SOBRE OS AUTORES

Felipe Fanuel Xavier Rodrigues

Professor de culturas e tradições africanas, literaturas de língua inglesa, literatura comparada e estudos culturais afro-brasileiros. É doutor em Literatura Comparada pela Universidade do Estado do Rio de Janeiro, onde concluiu recentemente o pós-doutorado. Possui graduação em Letras e Teologia, e mestrado em Ciências da Religião.

Gustavo Cesar de Souza Frederico (organizador e autor)

Casado com Louise, pai da Christina, do Lucas e do Eric. Nasceu no Rio de Janeiro e cresceu em Porto Alegre. Na fase evangélica, foi batizado na Primeira Igreja Batista de Porto Alegre (Conde). Na adolescência, aderiu ao movimento carismático. Mora em Ottawa, no Canadá, desde 1998. Trabalha como desenvolvedor de software na área de e-Commerce. Obteve bacharelado e mestrado em Ciências da Computação, quando pesquisou Aprendizado de Máquina. Começou a interagir com o chamado movimento emergente norte-americano. Em transição para a fase protoagnóstica, começou a Conversa Sem Nome, da qual ainda fazem parte vários amigos sem saberem. Juntou-se aos Menonitas, convencido da importância de suas práticas centrais: a simplicidade, o anticonsumismo, o diálogo inter-religioso, o senso comunitário, o engajamento político, a não violência e a boa música. Engajou-se com movimentos sociais progressistas em Brasília em 2009 e 2010. Participa de vez em quando da Primeira Congregação Universalista Unitária de Ottawa. Gosta de andar de canoa e de bicicleta, de aprender idiomas novos e de ler.

Obadias de Deus

Nascido em uma família evangélica pentecostal, sempre teve forte ativismo na igreja. Destacou-se como músico, liderando alguns grupos vocais, instrumentais e corais. Sempre foi tido como polêmico por ter um pensamento um pouco à margem dos cânones da sua denominação. Foi esse perfil que lhe fez sempre refletir sobre sua fé e que o levou ao seu atual agnosticismo. É casado desde 1997, pai de dois filhos e profissional da área de sistemas. Tem na música sua paixão. É especialista em projetos inconclusos.

Nelson Costa Júnior

Escritor, filósofo, triatleta e teólogo. Casado e mora em Nova Iorque.

Sidney Givigi Júnior

Professor de Engenharia Elétrica e Computação no Royal Military College, em Kingston, no Canadá. Ele é casado e tem uma filha. Capixaba, emigrou para o Canadá em 2001. Já formou mais de 20 alunos de mestrado e doutorado e sua pesquisa é focada em Teoria de Controle, Robótica, Aprendizado de Máquina e Inteligência Artificial.

Stephanie Ribeiro Zuma

Formada em Teologia, estudante de História, coordenadora do Projeto Câmara Juvenil em Macaé, militante do Partido dos Trabalhadores pela Articulação de Esquerda e feminista. Apesar de se sentir mais próxima de um ecumenismo ou de um agnosticismo, ainda se reconhece como cristã por enxergar Cristo como a melhor expressão possível de uma divindade.

Thiago Mendanha

Itapacino, nerd, ilustrador, baterista inativo. Graduou-se em Análise e Desenvolvimento de Sistemas com especialização em Sistemas para Web, em Anápolis - GO, onde se casou com a garota da porta ao lado. Mora em Brasília desde 2013, atuando com gestão de TIC no setor público. Gosta de cultura pop, cinema, livros, séries, música e quadrinhos. Manteve um blog por cinco anos, no qual escrevia sobre religião, Cristianismo e espiritualidade. É um misantropo humanitário, um niilista com tendências positivas.